JOSEPH FABRE

JEANNE D'ARC

LIBÉRATRICE DE LA FRANCE

« Tous les corps, le firmement, les étoiles,
« la terre et ses royaumes ne valent pas le
« moindre des esprits; car il connaît tout
« cela et soi; et les corps, rien. Tous les corps
« ensemble et tous les esprits ensemble et
« toutes leurs productions ne valent pas le
« moindre mouvement de charité: cela est
« d'un ordre infiniment plus élevé. »

PASCAL.

ÉDITION POPULAIRE

PARIS
LIBRAIRIE HACHETTE & Cie
79, BOULEVARD SAINT-GERMAIN, 79

JEANNE D'ARC

LIBÉRATRICE DE LA FRANCE

OUVRAGES DE M. JOSEPH FABRE

FORMAT IN-12

Les Libérateurs. — Nouvelle édition. . . . . 2 fr.

Washington, libérateur de l'Amérique. — Nouvelle édition revue et corrigée. . . . . 3 fr. 50

Jeanne d'Arc, libératrice de la France, suivi de : Autour de Jeanne d'Arc, avec fac-similé d'une lettre de la Pucelle. . . . . 2 fr. 25

Jeanne d'Arc, libératrice de la France. — Édition populaire. . . . . 1 fr. 25

Procès de condamnation de Jeanne d'Arc, traduit du latin d'après les procès-verbaux officiels, avec notices et fac-similé de l'attestation d'authenticité du manuscrit appartenant à la bibliothèque de la Chambre des députés. (Nouvelle édition revue et augmentée). . . . 2 fr. 25

Procès de réhabilitation de Jeanne d'Arc, raconté et traduit du latin, d'après les procès-verbaux officiels, suivi en appendice de Jeanne d'Arc et le Peuple de France. (Deuxième édition renfermant en un volume de 792 pages la matière des deux volumes de la précédente édition). . . . . 3 fr. 50

Jeanne d'Arc, drame en trois parties et neuf tableaux (nouvelle édition). 1 fr. 25

La délivrance d'Orléans, mystère en quatre actes et dix-sept tableaux, tiré du *Vieux Mystère du siège d'Orléans* . . . . 1 fr.

Jésus.—Mystère en cinq actes avec prologue et épilogue. 1 fr.

Le Mois de Jeanne d'Arc (Librairie Armand Colin) . . . 3 fr. 50
Couronné par l'Académie française (Prix Guizot).

Jeanne d'Arc, libératrice de la France. (Édition illustrée de 40 gravures). Librairie illustrée. . . . . 3 fr. 50

Notions populaires de Philosophie. Nouvelle édition. . 3 fr. 50

Histoire de la Philosophie. . . . . 3 fr. 50

NOTA. — L'auteur donne et assure à tous les éditeurs le droit de rééditer, sous un format quelconque, sans avoir aucune espèce de droits à acquitter, les deux ouvrages ci-dessus désignés : Procès de condamnation de Jeanne d'Arc, traduit du latin, etc., etc.; Procès de réhabilitation de Jeanne d'Arc, raconté et traduit du latin, etc., etc.; *à la seule condition que cette reproduction soit fidèle et intégrale.* — Toute réédition ou reproduction qui ne comprendrait pas le *texte complet* des volumes (introduction, notices, chapitres, appendice, dédicace, présents avis, etc., etc.), ou qui introduirait soit des additions, soit des interpolations, est et demeure absolument interdite.

JEANNE D'ARC

LIBÉRATRICE DE LA FRANCE

PAR

JOSEPH FABRE

« Tous les corps, le firmement, les étoiles,
« la terre et ses royaumes ne valent pas le
« moindre des esprits; car il connaît tout
« cela et soi; et les corps, rien. Tous les corps
« ensemble et tous les esprits ensemble et
« toutes leurs productions ne valent pas le
« moindre mouvement de charité: cela est
« d'un ordre infiniment plus élevé. »

PASCAL.

Nouvelle édition revue et corrigée

PARIS
LIBRAIRIE HACHETTE & Cie
79, BOULEVARD SAINT-GERMAIN, 79

AUX FEMMES FRANÇAISES

CE LIVRE SUR JEANNE D'ARC

EST DÉDIÉ

FAC-SIMILE D'UNE LETTRE DE JEANNE D'ARC

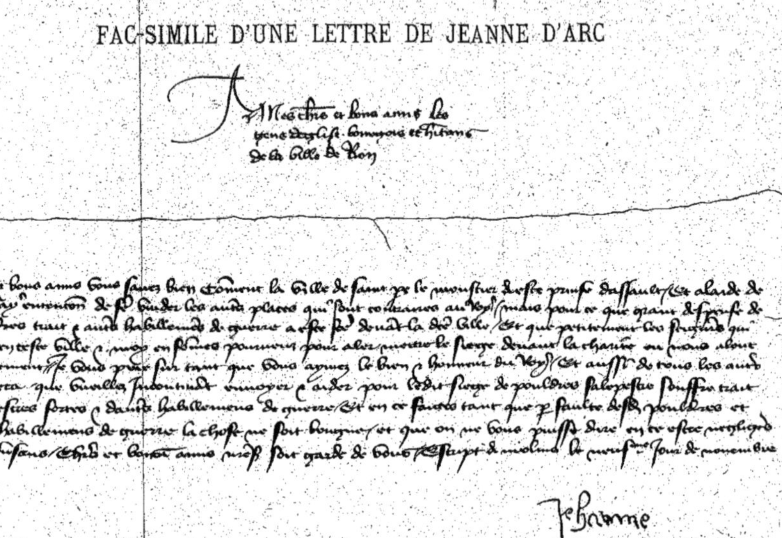

REPRODUCTION IMPRIMÉE DU FAC-SIMILE CI-DESSUS

A mes chers et bons amis, les
gens d'église, bourgois et habitans
de la ville de Rion.

Chers et bons amis, vous savez bien comment la ville de Saint-Pierre-le-Moustier a été prinse d'assault; et, à l'aide de Dieu, ay entencion de faire vuider les autres places qui sont contraires au roy; mais pour ce que grant despense de pouldres, trait et autres habillemens de guerre a esté faicte devant ladicte ville, et que petitement les seigneurs qui sont en ceste ville et moy en sommes pourveus pour aler mectre le siége devant la Charité, où nous alons présentement : je vous prie sur tant que vous aymez le bien et l'honneur du roy et aussi de tous les autres de par deça, que vueillez incontinant envoyer et aider pour ledit siége, de pouldres, salpestre, souffre, trait, arbalestres fortes et d'autres habillements de guerre. Et en ce faictes tant que, par faulte desdictes pouldres et autres habillements de guerre, la chose ne soit longue, et que on ne vous puisse dire en ce estre négligens ou refusans. Chiers et bons amis, Nostre Sire soit garde de vous. Escript à Molins, le neufviesme jour de novembre.

Jehanne

9 novembre 1429. — (Voir pages 65, 110 et 256.)

PRÉFACE

Alliés au parti bourguignon, possesseurs de plusieurs provinces, maîtres de Paris, les Anglais couraient par la France et la pillaient.

Les villes tremblaient derrière leurs remparts; les campagnes étaient désertes; peste et famine sévissaient; il y avait un affolement universel. Les uns multipliaient processions et pèlerinages. Les autres vaguaient dans les bois, s'attroupaient autour des sorciers, et se donnaient au démon.

Défaites sur défaites. Morts les meilleurs guerriers. Morte l'espérance. L'invasion était maîtresse.

A ce moment où tout semblait perdu, une paysanne de dix-sept ans vint tout sauver.

Elle se déclara envoyée de Dieu; elle manifesta les plus splendides vertus; elle obtint les plus extraordinaires succès.

Qu'est-ce qui l'avait suscitée? *La grande pitié qui était au royaume de France.*

Il n'est pas de fait historique plus merveilleux, et il n'en est pas de mieux établi.

Les premiers témoins de Jeanne sont ses ennemis mêmes. En machinant son procès, ils méditaient un monument de leur vengeance et ils ont édifié le monument de sa gloire.

Ici une bergerette qui ne sait même pas lire. Là les plus savants hommes d'église. Dans la paysanne apparaît un monde de sublimité; dans les docteurs un monde de bêtise.

Lisez les interrogatoires authentiques de la Pucelle (1). Aussi durs que vous soyez, l'émo-

(1) On les trouvera, ces longs et dramatiques interrogatoires, ainsi que le réquisitoire, le jugement, les monitions, la sentence, traduits intégralement d'après les textes latins des procès-verbaux officiels dans le livre qui sert de complément à celui-ci : **Procès de condamnation de Jeanne d'Arc**.

Dans un autre ouvrage, j'ai également traduit du latin en français le **Procès de réhabilitation** dans tout ce qu'il a d'essentiel et notamment toutes les dépositions qui y furent recueillies. Elles égalent en portée et en intérêt les interrogatoires du Procès de condamnation. Les détails topiques y abondent. On aura

tion vous gagnera; et vous vous étonnerez que les juges de Jeanne ne soient pas tombés à ses genoux.

Il semble que, devant une telle vertu, amis et ennemis auraient dû se récrier d'admiration et bénir la destinée qui, les faisant naître à ce moment de l'humanité, leur avait permis de voir et d'entendre la fille au grand cœur.

plaisir à entendre tour à tour les trois amies de Jeanne, ses trois marraines, son parrain, ses hôtes de Vaucouleurs, l'oncle qui la mena à Baudricourt, les gentilshommes qui la menèrent au roi, le moine Séguin qui l'interrogea à Poitiers, l'écuyer Thibault et le chevalier d'Armagnac, ses naïfs admirateurs ; Dunois, Gaucourt, d'Alençon, ses trois compagnons de guerre ; Pasqurel, son aumônier, Jean d'Aulon, son intendant, Louis de Contes, son page, dame Touroulde, son hôtesse de Bourges, le chevalier de Macy, témoins de sa captivité à Beauvais, les théologiens Courcelles et Beaupère, l'archidiacre Marguerie, l'évêque de Noyon, l'évêque de Démétriade, le prieur de Longueville, ces six anciens auxiliaires de Cauchon; les trois greffiers et l'huissier du procès; les moines Isambard et Ladvenu, témoins de la mort de Jeanne, pour laquelle ils s'étaient prononcés avant de la déplorer; des bourgeois d'Orléans et de Rouen, et bien d'autres. N'est-il pas étonnant que jusqu'à ce jour on n'eut pas songé à donner une traduction intégrale de tant et de si curieux témoignages?

Le grand défaut des deux procès tels que les a édités Quicherat dans les trois volumes de son précieux recueil, c'est qu'ils sont rédigés en latin et que leur forme indigeste les rend inabordables à quiconque n'est pas un patient érudit. Or il est d'importance capitale de rendre accessible à tous cette histoire de Jeanne d'Arc faite par elle-même et ses témoins et dont la vérité ingénue semble au-dessus de toutes les fictions de la poésie. On y apprendra à la fois l'amour de la patrie et la haine de l'intolérance. (Voir le *nota* qui est en tête du présent volume, à l'envers du faux-titre.)

Songez à ce qu'eût fait la Grèce s'il lui eût été donné de produire une telle merveille.

Peintres, sculpteurs, poètes, musiciens, auraient consacré leurs meilleures œuvres à la glorification de la libératrice, et, nouvelle Pallas, Jeanne eût été associée aux Immortels devant qui s'élevait la fumée des sacrifices.

Eh bien! l'héroïne à qui Athènes eût dressé des autels, Rouen lui a dressé un bûcher; et cette France où trente millions de catholiques sont censés fêter tous les ans sainte Emilienne, sainte Pélagie, sainte Scholastique, attend encore, depuis quatre siècles et demi, sa fête de la Madone du patriotisme.

Mais quoi! terrible aux Anglais et rebelle aux théologiens, Jeanne avait personnifié en soi deux nouveautés suspectes : le culte du sol national et la liberté de conscience.

Double titre pour être suppliciée au quinzième siècle. Double titre pour être glorifiée au dix-neuvième.

Alors on était divisés en Armagnacs et en Bourguignons pactisant avec l'étranger. Aujourd'hui, devant l'étranger, il n'y a que des Français.

Alors, il y avait des crimes d'hérésie ; et, non moins que le tribunal ecclésiastique qui livra Jeanne aux flammes comme hérétique relapse, le tribunal ecclésiastique qui, vingt-cinq ans après, la réhabilita comme exempte d'hérésie, jugeait que l'hérétique est digne du bûcher. Aujourd'hui on reconnaît les droits sacrés de l'âme, et nul ne peut être incriminé pour ses négations ou ses croyances.

Dans les premières éditions de ce livre paru en 1883, il était dit :

« La République française devrait décider qu'il y aura annuellement un jour où la fête de l'héroïne sera célébrée par toute la France.

» Il y aurait à opter entre l'anniversaire de la délivrance d'Orléans et l'anniversaire de la mort de Jeanne.

» Je préférerais le 30 mai, parce que Jeanne mourante a été encore plus grande que Jeanne triomphante.

» Jeanne est la sainte de la France. Il est conforme à toutes les traditions que les saints soient glorifiés l'anniversaire du jour où ils furent martyrisés.

» Mais qu'importe la date? L'essentiel est l'établissement de cette solennité qui rapprochera tous les Français, hommes et femmes, républicains et monarchistes, croyants et libres-penseurs, dans une même communion d'enthousiasme.

» La nation a déjà sa fête de la liberté. Elle aura sa fête du patriotisme. »

J. F.

Les Judas Machabée combattant pour l'indépendance nationale, les Caton combattant pour la liberté politique, les Spartacus combattant pour l'affranchissement de la classe esclave, personnifient l'héroïsme civique aux temps antiques. J'ai esquissé ces grandes figures et plusieurs autres dans les Libérateurs.

Au moyen âge, âge d'or du catholicisme et de la monarchie, l'héroïsme civique s'est incarné dans notre Jeanne d'Arc que les Anglais eux-mêmes proclament « le plus bel exemplaire de l'humanité ». J'ai raconté ici Jeanne d'Arc telle que je la connais et la comprends. Ailleurs, j'ai traduit, d'après les textes latins officiels, les deux procès où resplendissent, mieux que dans aucune histoire, les traits de cette image sublime. Un quatrième ouvrage a eu pour objet de rappeler jour par jour les touchants souvenirs qui font du mois de mai *le mois de Jeanne d'Arc*. Enfin, j'ai esquissé, dans une adaptation en quinze tableaux, une miniature du vaste *Mystère du siège d'Orléans*, et j'ai moi-même essayé d'évoquer l'héroïne dans une trilogie dramatique.

Depuis l'ère moderne, ère de la philosophie et de la liberté, le type le plus complet de l'héroïsme civique a été le grand Washington. J'ai consacré un livre spécial à WASHINGTON, LIBÉRATEUR DE L'AMÉRIQUE.

LIVRE PREMIER

LA PAYSANNE

« Il y a aux livres de Dieu plus qu'aux
« vôtres. »

JEANNE D'ARC.

« Le ciel et la terre, Horatio, recèlent plus
« de mystères que n'en rêve votre philoso-
« phie. »

SHAKESPEARE.

« Le cœur a ses raisons que la raison ne
« comprend pas.

PASCAL.

(Les trois épigraphes ci-dessus n'en font qu'une. C'est la même pensée présentée, sous ses trois faces, par la croyante, par le poète et par le philosophe).

JEANNE D'ARC

LIBÉRATRICE DE LA FRANCE

LIVRE PREMIER

LA PAYSANNE

I. — LA PAYSANNE DE DOMRÉMY

Jeanne d'Arc naquit au village de Domrémy, en Lorraine, l'an 1412.

Ses parents étaient des paysans aisés, de bonne vie et bon renom.

Ils habitaient une confortable maisonnette, avec leurs cinq enfants, trois garçons et deux filles. L'aînée de celles-ci était Jeanne.

C'était une brave fille, courageuse au travail, servant volontiers sa sœur et ses frères.

Dès l'aube, elle faisait le ménage et quelquefois conduisait les animaux à la prairie; au milieu du jour, elle allait sarcler ou piocher la terre en compagnie de son père; le soir, elle filait ou cousait à côté de sa mère.

Loyale et franche, jamais elle n'accompagnait ses paroles d'un serment. Elle disait oui quand c'était oui, non quand c'était non.

Tout le monde l'aimait, tant elle était douce, obligeante et point fière.

Les enfants, sentant en elle une bonté infinie, recherchaient ses caresses. On dit même que les petits oiseaux venaient lui manger dans les mains.

Elle faisait assidûment l'aumône et s'excusait de donner peu, parce qu'elle avait peu.

Les malades du village la voyaient apparaître à leur chevet, apportant à chacun aide et consolation

Quand se présentaient des malheureux sans asile, elle les faisait accueillir dans la chaumière, et elle voulait qu'ils couchassent dans son lit, disant qu'elle avait plaisir à dormir assise près du foyer.

Ses parents, bons catholiques, l'avaient élevée dans leur religion, et elle avait le cœur tout tourné à la piété.

— « Tu es trop pieuse, » lui disait quelquefois une amie.

Jeanne baissait les yeux, rougissait et continuait à être ce qu'elle était.

Sa grande joie était d'entendre sonner les cloches, dont l'harmonie sonore, portée par les vents, lui semblait un concert du ciel. Angélus du matin, de midi ou du soir, appel à la messe, à vêpres ou à complies, carillons de fête ou glas de deuil, tout d'elles la touchait profondément.

Tout près du village, sur la pente du coteau qui séparait les bords fleuris de la rivière et la sombre forêt de chênes dite le Bois-Chenu, se dressait un vieux hêtre, connu de toute la contrée.

On l'appelait *l'arbre des fées,* et on se racontait que, la nuit, au clair de la lune, des femmes aux formes fantastiques venaient y danser en rond, tout comme dans les vieux temps des druides.

Mais certains assuraient qu'on ne les voyait plus, et disaient avec Béatrix, marraine de Jeanne : « Si les dames fées ont cessé de venir, c'est à cause de nos péchés. »

Maintenant, c'était la belle jeunesse de Domrémy qui, dès les premiers sourires du soleil d'avril, y allait passer les après-midi du dimanche.

Au sortir des vêpres, voyant l'air tiède et le ciel serein, jeunes gens et jeunes filles se disaient :

« Voici le printemps. Le hêtre est beau comme un lis et ses larges rameaux viennent toucher terre

« Fillettes et garçons, allons nous égayer à l'ombre de son vert feuillage. Nous enguirlanderons ses branches de fleurs, et puis nous chanterons et puis nous danserons.

« Qui aura faim et soif ira à la source voisine boire de la bonne eau fraîche et mordre à belles dents sur les grappes des groseillers qui l'ombragent. »

Elle aussi, Jeanne, allait danser et chanter en compagnie de ses amies. Avec elles, elle s'amusait à cueillir sur le gazon violettes et marguerites, et à en tresser de jolis bouquets.

Mais souvent elle s'isolait des groupes joyeux pour s'asseoir à l'écart. On la voyait rester immobile durant des heures, les bras croisés sur la poitrine et comme perdue dans une méditation profonde

---

II. — ÉCHOS DE LA GUERRE AU VILLAGE

En ce temps-là, le pays de France était à feu et à sang par suite des discordes intérieures et de l'invasion des Anglais.

On se racontait à Domrémy toutes les misères qui désolaient le royaume.

— « Hélas disait-on, le feu roi est mort fou, et son fils Charles, septième de nom, est réduit à déplorer d'avoir la raison et la vie, tant il est malheureux.

« Des troupes ont traversé l'Océan pour venir nous imposer le roi d'Angleterre.

« Cet étranger, qui n'a pas été nourri parmi nous, prétend avoir des droits sur nous.

« Il a pour lui des magistrats, des prêtres, de grands seigneurs. Tout le parti des Bourgignons est à sa dévotion.

« Elle-même, Ysabeau, la mère de Charles, combat son fils. Les soldats ennemis voient cette femme dénaturée parcourir leurs rangs pour y semer la haine contre le fruit de ses entrailles.

« Partout les Anglais sont vainqueurs, et notre roi erre en fugitif dans son propre royaume.

« Pauvre roi! Pauvre France! »

Et, chaque jour, on entendait nommer une nouvelle ville dans laquelle les Anglais avaient fait entrer leurs bannières victorieuses.

Paris même, la grande cité, tomba entre leurs mains.

Les habitants de Domrémy furent consternés. « Hélas ! pensaient-ils, le moment est proche où nous verrons ici les Anglais porter le deuil dans nos maisons et écraser les épis de nos champs sous les pieds de leurs chevaux. »

Jeanne, enfant, assistait aux longues veillées où s'échangeaient les récits sur l'invasion des Anglais, et sur la famine, les exactions, les incendies, les meurtres qui en étaient la suite.

En parlant de tant de maux, ces bonnes gens de la terre Barroise, moitié Champenois, moitié Lorrains, avaient les larmes aux yeux. Voisins des Allemands, ils n'en étaient que plus Français. C'est à ses frontières que la patrie est le plus aimée.

Cependant, aux paroles de tristesse et de crainte se mêlaient des paroles d'espérance.

A côté de ceux qui disaient : « C'en est fait, le royaume du bon Dieu est perdu, » d'autres disaient :

« Les Anglais ne sont pas encore arrivés où ils croient.

« Jamais l'étoile de la France ne pâlit que pour briller ensuite d'un plus bel éclat.

« N'entendez-vous pas dire que, sur tous les points du royaume, il y a des personnes qui ont des extases?

« Quelque chose se prépare.

« Écoutez ce qui est annoncé dans des prophéties anciennes : *Quand les hommes auront tout perdu, une femme viendra tout sauver.*

« Le vieil enchanteur Merlin a dit que cette femme serait une pucelle. Qui sait si cette pucelle ne sera pas une Lorraine? »

En écoutant les entretiens de cette sorte, Jeanne devenait toute rêveuse.

— « Pourquoi ne serais-tu pas celle qu on attend? » se disait-elle.

L'attente du prodige allait susciter le prodige.

III. — LA VOCATION DE JEANNE

Toujours sollicitée par les mêmes pensées, la petite Jeanne avait fini par se remplir de cette idée fixe : la libératrice, ce sera moi.

A cette époque, sur tous les points de la France, il y avait des personnes qui disaient avoir des revélations de la Vierge et des saints se montrant à elles sous forme corporelle ; tout le monde croyait au fréquent commerce des esprits avec les hommes, et, bien des fois, dans les veillées, Jeanne avait entendu le récit de visions miraculeuses.

Il était naturel que les ardentes aspirations de sa jeune âme lui apparussent comme un appel venant du dehors et d'en haut.

Souvent, solitaire à l'église, Jeanne y contemplait les images des saints et des saintes, en même temps qu'elle méditait sur la grande détresse du beau pays de France.

Et soudain sa pensée s'incarnait dans une figure vivante, dans un écho vivant. Il lui semblait voir de célestes apparitions et entendre de célestes avertissements.

— « Sois bien sage! lui disait une voix; sois bien pieuse, et prépare-toi à aller porter secours au roi. »

En même temps, devant les yeux de l'enfant éblouie, flottaient les faces lumineuses des saints et des saintes qu'elle avait le plus appris à aimer.

C'était sainte Catherine, c'était sainte Marguerite, c'était surtout l'archange saint Michel, alors universellement populaire.

— « Jeanne, disait l'archange, vois *la grande pitié qui est au royaume de France*, va et délivre le pays. »

— « Mais, répondait-elle, je ne suis qu'une pauvre fille. Je ne sais ni chevaucher ni guerroyer. »

— « Va, » disait la voix.

— « Mais comment pourrai-je quitter ma famille et résister à tant de fatigues ? »

— « Va, » disait encore la voix.

Ainsi, dans Jeanne comme dans chacun de nous, il y avait une lutte des instincts inférieurs contre les puissances supérieures, de la chair contre l'esprit, de la jeune fille contre l'héroïne.

Sous la forme des célestes visions, c'était l'héroïne qui triomphait.

— « Faut-il gémir? Faut-il pleurer? pensait Jeanne. Non, il faut agir et combattre. Soyons la libératrice! »

Et elle entendait répondant au cri sublime de son cœur le commandement des saints et des saintes du paradis.

IV. — JEANNE QUITTE SON VILLAGE

Jeanne avait commencé à entendre *ses voix* dès l'âge de treize ans, au lendemain d'une sauvage incursion de bandes ennemies qui étaient venues dévaster le pays.

A mesure qu'elle grandit, les visions devinrent plus fréquentes.

— « Va, Jeanne, » répétaient les voix.

— « Va, Jeanne, » dirent-elles encore plus fort, le jour où arriva la nouvelle que les Anglais venaient de mettre le siège devant Orléans.

On savait que partout l'ennemi devenait le maître et que les bords de la Loire étaient le dernier asile du dauphin. « Si Orléans cède, c'en est fait, » se disait-on, et on était dans une grande angoisse.

— « Jeanne, que tardes-tu ? » criaient les voix. Et elle ne pouvait plus ni manger, ni dormir, ni tenir en place.

Ayant le cœur plein, la pauvre enfant prononça quelques paroles qui purent donner l'éveil.

Un jour, elle dit au laboureur Gérardin de qui elle avait tenu un enfant en baptême : « Compère, si vous n'étiez Bourguignon, je vous dirais quelque chose. » Gérardin imagina qu'il s'agissait d'une amourette.

Un autre jour, elle dit à un garçon du village, Michel Lebuin, son camarade d'enfance : « Il y a entre Coussey et Vaucouleurs une jeune fille qui, avant qu'il soit un an, fera sacrer le roi de France. »

Soit par des indiscrétions, soit à la suite d'un songe, le père de Jeanne se douta des visées de sa fille

— « Jeanne est folle, s'écria-t-il. Voyez-vous cette bergerette qui parle d'aller guerroyer ? Plutôt que de la laisser partir avec les hommes d'armes, je la noierais de mes propres mains. »

On tenta de marier Jeanne. Elle fut citée devant le tribunal ecclésiastique de Toul par un homme qui réclamait sa main, alléguant qu'elle lui avait promis mariage. Jeanne comparut à Toul et confondit le prétendant.

Sur ces entrefaites, une troupe bourguignonne vint saccager Domrémy.

Les habitants s'enfuirent avec leurs troupeaux et trouvèrent asile derrière les murailles de Neufchâteau.

Peu de jours après, l'ennemi ayant disparu, on rentra à Domrémy.

La campagne était dévastée, les maisons pillées, l'église brûlée.

Devant cette désolation, Jeanne se dit : « Il faut remède à tant de maux. Je veux partir. »

Une visite à un oncle qui habitait un village voisin, Burey-le-Petit, lui servit de prétexte.

Il en coûtait à la douce jeune fille de quitter ses parents, ses compagnes, ses troupeaux, son église, son village. Mais force lui était d'aller là où ses voix l'appelaient.

Elle embrassa son père, sa mère, sa sœur, ses frères, et ses amies.

Parmi celles-ci, il y en avait une qu'elle aimait par-dessus toutes. Redoutant d'être trop attendrie, elle partit sans la voir (1).

(1) On remarquera une différence très marquée, non pour le fond des choses, mais pour le détail des faits, entre le récit du départ de Jeanne et de son séjour chez Laxart, tel qu'il est fait ici, et ce même récit tel qu'il est présenté dans le *Mois de Jeanne d'Arc*. C'est que les détails des deux procès comportent deux versions différentes. Au surplus, j'ai marqué dans une note qui accompagne ma traduction de la déposition de Durand Laxart (PROCÈS DE RÉHABILITATION, ch. XII) comment, sur certains points, les deux versions peuvent se concilier.

V. — JEANNE REPOUSSÉE PAR BAUDRICOURT

Arrivée près de son oncle, Durand Laxart, Jeanne lui dit :

« Ne dit-on pas que la France doit être sauvée par une pucelle de Lorraine? Eh bien! la pucelle, c'est moi. »

Ces paroles et d'autres qu'elle ajouta frappèrent le bon paysan.

Il se demanda d'abord si sa nièce ne serait pas possédée du malin esprit. Puis, remarquant combien elle était sage et pieuse, il pensa qu'elle pourrait bien être inspirée de Dieu.

Jeanne voulait que son oncle la conduisît à Vaucouleurs. Là, elle demanderait au capitaine Robert de Baudricourt la grâce d'être menée auprès du roi

— « J'irai seul trouver le capitaine, » dit l'oncle. Et il alla faire connaître à Baudricourt le vœu de Jeanne.

Baudricourt dit à l'oncle : « Votre nièce extravague. Donnez-lui quelques bons soufflets et ramenez-la à son père. »

L'oncle était découragé. Jeanne ne se découragea pas. Elle obtint enfin de lui qu'ils iraient tous deux à Vaucouleurs.

Après bien des démarches, elle fut reçue par le capitaine de Baudricourt.

— « Capitaine, lui dit-elle, sachez que mon seigneur m'a commandé d'aller vers le dauphin. Je mènerai sacrer le dauphin en dépit de ses ennemis. »

— « Et quel est ton seigneur ? »

— « Le roi du ciel. »

Baudricourt rit et la fit sortir.

— « C'est une folle, dit-il, qui vaut seulement pour que mes gens s'en amusent. »

Mais la pureté de Jeanne en imposait aux gens du sire de Baudricourt. Nul n'osa rien se permettre qui ne fût à faire.

— « Eh bien ! Jeanne, dit l'oncle, il n'y a plus qu'à abandonner ton projet. »

— « Je persévérerai et je serai écoutée, répondit Jeanne. Laissez-moi rester à Vaucouleurs. »

Et elle s'installa à Vaucouleurs, dans une famille d'ouvriers, chez des amis de son oncle.

VI. — LES RÉSISTANCES VAINCUES

Cette persévérance de Jeanne étonna Baudricourt.

— « N'y aurait-il pas là quelque diablerie ? » dit-il.

Et, ayant avisé le curé de Vaucouleurs, il s'en vint, avec lui, trouver Jeanne.

Le curé avait apporté son étole. En présence du capitaine, il adjura solennellement la pucelle en ces termes : « Au nom de la Sainte Trinité, si tu es chose mauvaise, éloigne-toi de nous ; si tu es chose bonne, approche. »

Pour lors, Jeanne se mit à genoux, et, toute prosternée, elle se traîna jusqu'aux pieds du prêtre.

Baudricourt hocha la tête et partit avec le prêtre. Il ne savait plus que penser.

— « J'ai obéi à ce prêtre, dit Jeanne à son hôtesse, la femme du charron Leroyer. Mais, sauf le respect que je lui dois, m'est avis que ce qu'il a fait n'est pas bien fait ; car il me connaissait, m'ayant ouïe en confession. »

Pourtant, la présence de Jeanne n'était pas sans faire quelque bruit à Vaucouleurs.

On se racontait ses visions et comme elle passait son temps ou à filer avec son hôtesse, ou à prier dans la chapelle Sainte-Marie, ou à supplier Baudricourt. On était touché du grand cœur de cette vierge, aussi émue des calamités de la France que le serait une tendre fille du supplice de sa mère attachée au gibet.

2.

Les gens du peuple s'éprirent pour elle d'un bel amour. Ils se la montraient et la regardaient avec des yeux amis

Un jour, un homme d'armes, Jean de Metz, vint à elle et lui dit :

— « Que faites-vous ici, ma mie ? »

— « Je voudrais empêcher que le roi soit chassé du royaume et que nous devenions Anglais. »

— « Eh ! que pouvez-vous ? »

— « Beaucoup, avec l'aide de Dieu.

« Je suis venue trouver le sire de Baudricourt pour qu'il veuille bien me faire mener devant le dauphin. Mais il ne prend souci de moi ni de mes prières

« Et pourtant il faut que j'aille au dauphin ; car ni rois ni ducs ne pourront lui faire recouvrer son royaume. Il n'y aura secours que de moi. »

— « Mais, ma mie, les femmes ne sont pas faites pour la guerre. »

— « Je sais bien que la guerre n'est pas notre état. Et certes j'aimerais mieux filer près de ma pauvre mère que d'aller guerroyer. Mais je ne puis durer ici. Je dois partir. Mon Seigneur le veut. »

— « Quel Seigneur ? »

— « Dieu. »

L'assurance de Jeanne toucha l[illegible]me d'armes. Il prit dans ses mains les mains de la jeune fille et lui dit :

« — Je vous accompagnerai auprès du roi. Quand voulez-vous partir ? »

— « Aujourd'hui plutôt que demain, demain plutôt qu'après. »

Jeanne entendait raconter qu'à Orléans des femmes, du haut des remparts, versaient de l'eau bouillante sur les assaillants, et que quelques-unes s'étaient armées de lances pour les rejeter dans les fossés.

— « Voilà ce que d'autres font! s'écriait-elle, et je demeure inactive. La fièvre me brûle. Dussé-je me traîner sur les genoux, j'irai trouver le roi. »

Sur ces entrefaites, le duc de Lorraine, ayant entendu parler de Jeanne, l'envoya quérir et lui dit :

« Puisque vous êtes inspirée de Dieu, faites-moi savoir comment je pourrai recouvrer la santé. »

Le duc ne pensait qu'à soi. Jeanne ne pensait qu'à la France.

— « Sur votre santé, je n'ai rien à vous dire, répondit-elle. Mais je vous devrai grand merci, si vous envoyez votre fils, avec force soldats, au secours du roi Charles. »

Et elle rentra à Vaucouleurs pour continuer ses sollicitations auprès du sire de Baudricourt.

Voyant que Jeanne s'obstinait et que le peuple croyait en elle, Baudricourt fut ébranlé.

Il écrivit à la cour.

Tout était au plus mal. On était au lendemain de la journée des Harengs.

Le dauphin et son entourage se dirent : « Puisque les hommes d'armes n'ont rien pu, essayons de cette jeune fille; miracle ou folie, sa foi au succès changera peut-être la face des choses. »

Ordre fut donné d'envoyer Jeanne.

VII. — DÉPART DE JEANNE POUR LA COUR

Jeanne, avisée de l'ordre du dauphin, eut d'abord grande joie ; mais ensuite elle s'attrista de la peine qu'auraient ses parents.

Ne sachant pas écrire, elle leur fit écrire une lettre où elle s'excusait.

— « Mon père, disait-elle, pardonnez-moi. C'est à contre-cœur et pour la première fois que je vous désobéis. Vous auriez voulu que je restasse dans ma solitude. Je l'aurais voulu aussi. Mais Dieu m'a dit : Pars. »

Jean de Metz et un autre homme d'armes, Bertrand de Poulengy, qui avait également réclamé l'honneur de conduire Jeanne, déclarèrent qu'ils payeraient les frais du voyage.

L'oncle de Jeanne lui acheta un cheval, et le menu peuple se cotisa pour son équipement.

Jeanne avait tenu à déposer les vêtements de son sexe.

— « Allant avec des hommes de guerre, disait-elle, il faut que je m'habille comme eux. »

Quand Jeanne quitta Vaucouleurs, la foule s'empressa à lui faire cortège.

Le sire de Baudricourt était présent.

Ce soudard raillait la Pucelle. Mais les plaisanteries trouvaient Jeanne gaillarde et de belle humeur.

— « Jeanne, lui dit-il, on raconte sur toi bien des choses. Il paraît qu'une fois les Anglais exterminés, tu dois avoir trois fils, dont le premier sera pape, le second empereur et le troisième roi. A ce compte, je voudrais qu'il y en eût un de moi. Ma fortune y gagnerait. »

— « Nenni, nenni, gentil Robert, répliqua Jeanne. Le Saint-Esprit y pourvoiera. »

Baudricourt dit aux cavaliers qui accompagnaient la Pucelle : « Faites-lui bonne et sûre conduite. »

A la Pucelle, il donna une épée et la congédia avec un sourire : « Va, dit-il, et advienne que pourra. »

Le capitaine trouvait Jeanne naïve et souriait. Le peuple la trouvait grande et admirait.

— « Généreuse fille ! » s'écriait-on.

Puis, songeant aux rudes labeurs que Jeanne allait affronter, on ajoutait : « Pauvre fille ! »

— « Ne me plaignez pas, disait Jeanne. Je vais faire ce pour quoi je suis née. »

— « Mais, lui dit quelqu'un, vous trouverez beaucoup d'ennemis sur votre chemin. »

— « Si des ennemis sont sur mon chemin, Dieu y est aussi, » répondit Jeanne.

Pour aller de Vaucouleurs à Chinon où était le roi, il fallait traverser des contrées où l'étranger promenait le fer et le feu.

Jeanne et ses six compagnons durent suivre des sentiers perdus, passer par monts et ravins, franchir à gué des rivières et braver les intempéries de la mauvaise saison.

Plusieurs fois, ils furent en danger d'être pris. Jeanne ne craignait rien, et disait : « Allons ! »

Les hommes d'armes l'écoutaient ; car elle leur inspirait grande révérence et foi entière.

D'après leur témoignage, qui était près de Jeanne se sentait près de Dieu, et pour lui la terre se faisait Paradis.

En onze jours, la petite troupe fit un trajet de cent cinquante lieues.

Le onzième jour, 6 mars 1429, entrait à Chinon la villageoise de dix-sept ans qui venait entreprendre de mettre les Anglais en fuite et de restituer la France aux Français.

VIII. — JEANNE DEVANT LE ROI

L'étranger triomphait.

Nobles, prêtres et bourgeois se ralliaient de toutes parts au roi d'Angleterre.

La France était démembrée, l'armée décimée, le trésor épuisé.

Le dauphin vendait ses joyaux et s'écriait : « Que ne puis-je monnayer mon cœur ! Volontiers, je le laisserais arracher pour en faire des pièces d'or. »

Mais, en même temps, homme faible, il gaspillait l'argent et s'oubliait dans les plaisirs.

Quand on sut l'arrivée de Jeanne, le favori La Trémouille et autres courtisans conseillèrent de ne pas la recevoir. — « Le roi s'humilierait trop, disaient-ils, en accueillant cette bergerette. Qu'on la renvoie avec sa panetière ! »

Mais la voix du peuple fut plus forte que celle des seigneurs. Après deux jours d'attente, Jeanne fut admise à venir chez le roi.

On raconte qu'au moment où elle entra au château, un soudard se mit à l'injurier avec de gros jurons.

— « Ah ! lui dit-elle, tu renies Dieu. Et pourtant tu es près de la mort. »

Une heure après, cet homme tomba dans la rivière et fut noyé.

Tous les grands personnages s'étaient rendus par curiosité auprès du roi.

Celui-ci attendit Jeanne dans une vaste salle qu'éclairaient cinquante torches. Trois cents seigneurs, en habits magnifiques, y étaient réunis.

Jeanne parut.

C'était une jeune fille d'aspect sain et robuste. Elle avait les cheveux noirs, le visage gracieux, la poitrine bien faite, le regard chaste. Son teint hâlé révélait la fille des champs.

Elle s'avança bien humblement et bien simplement, sans s'enhardir ni se troubler, toute recueillie en ses pensées.

Le roi, usant de malice, s'était mêlé aux gens de son entourage et avait mis un seigneur à sa place.

Jeanne alla droit au roi, et respectueusement lui embrassa les genoux.

Tout le monde était étonné.

— « Ce n'est pas moi le dauphin, » dit Charles.

— « Gentil prince, répondit Jeanne de sa voix douce, c'est vous et non un autre. »

— « Eh bien ! que me veux-tu ? »

— « Très noble seigneur, j'ai nom Jeanne la Pucelle, et je vous viens en aide de par Dieu pour faire la guerre aux Anglais. »

Le roi souriait.

Jeanne reprit :

« Que ne me croyez-vous? Je vous dis que Dieu a pitié de vous et de votre peuple, tant l'ont prié pour vous saint Louis et saint Charlemagne, agenouillés devant lui. »

— « Qui es-tu, toi qui parles ainsi? » dit le roi.

— « Je ne suis qu'une pauvre paysanne qui ne sait ni lire ni écrire. Mais, sous les armes, je serai votre servante, et Dieu sera votre salut. »

Le roi était frappé. Il voulut conférer particulièrement avec Jeanne.

L'entretien fini, son visage rayonnait de joie. *On aurait cru*, dit Alain Chartier, *que le dauphin avait été visité du Saint-Esprit même.*

Voici ce qu'on raconte de ce mystérieux entretien.

Depuis longtemps le dauphin était torturé d'une pensée dont il ne s'ouvrait qu'à Dieu dans ses prières : « Né de la criminelle Isabeau, suis-je bien le fils du feu roi? Si ce royaume m'échappe, n'est-ce point parce que je l'ai usurpé? »

Or Jeanne, allant au devant de la pensée de Charles, lui dit : « Je te dis, de la part de Messire, que tu es vrai héritier de France et fils du roi. »

IX. — JEANNE DEVANT LES THÉOLOGIENS

Cependant des gens d'Église étaient scandalisés de la présomption de cette fille qui prétendait communiquer avec Dieu sans leur intermédiaire.

L'archevêque de Reims et autres prêtres disaient : « C'est une sorcière. Où a-t-elle pris sa mission? Quelle autorité sacerdotale a-t-elle consultée? »

D'accord avec le roi, ils firent comparaître Jeanne devant une réunion de docteurs chargés de l'interroger.

La réunion eut lieu à Poitiers, et Jeanne fut invitée à s'y rendre.

— « Je vais avoir fort à faire, dit-elle. Mais Dieu y pourvoira. Allons ! »

L'examen auquel on la soumit dura environ trois semaines. Les théologiens, évêques, prêtres et moines, parlèrent successivement, expliquant à Jeanne par doctes raisons qu'on ne devait pas la croire.

Puis, ils lui adressèrent à plusieurs reprises toute sorte de questions.

Jeanne, assise au bout d'un banc, leur répondait.

Un théologien subtil lui dit :

« Jeanne, vous demandez des hommes d'armes et

déclarez que c'est la volonté de Dieu que les Anglais s'en aillent. Mais, si vous dites vrai, il n'est pas besoin des hommes d'armes. La seule volonté de Dieu peut mettre les Anglais hors de France. »

— » Eh! répondit Jeanne, les hommes d'armes batailleront et Dieu donnera la victoire. »

Un frère dominicain, né à Limoges, se montrait particulièrement aigre vis-à-vis de Jeanne.

Cherchant toujours à l'embarrasser, il lui demanda, en son patois limousin, quelle langue parlaient ses voix.

— « Une langue meilleure que la vôtre, » répondit Jeanne.

— « Ah ça! Jeanne, croyez-vous en Dieu? » reprit le moine interloqué.

— « Mieux que vous. »

— « Eh! dit le moine d'un air triomphant, si Dieu voulait qu'on vous crût, il vous donnerait moyen de le manifester par des signes. »

— « Menez-moi à Orléans, répliqua Jeanne, et je vous donnerai des signes, les armes à la main. »

En ce moment elle aperçut dans l'assistance un brave écuyer du roi.

Elle ne put s'empêcher de faire en elle-même la différence entre ces docteurs qui ergotaient et cet homme toujours prêt à bien se battre.

Lui frappant familièrement sur l'épaule, elle se prit à dire : « Voilà un homme de bonne volonté tel qu'il m'en faudrait. »

— « Mais, pauvre fille, lui dit un évêque, ne voyez-vous pas que vous êtes impuissante, étant tout à fait ignorante? »

— « Oui, répondit Jeanne; je ne sais ni a ni b. Cela n'empêche que je dois délivrer Orléans et faire le dauphin roi. »

— « Jeanne, dit un docteur, vous montrez beaucoup de suffisance. Rappelez-vous que vous êtes devant des théologiens qui ont étudié dans tous les livres. »

Jeanne repartit :

« Messire Dieu a un livre où nul clerc n'a jamais lu aussi bon clerc soit-il. »

Les théologiens étaient étonnés. Il y en eut qui furent subjugués. Le professeur Jean Erault fut de ceux-là.

— « Avez-vous du papier et de l'encre? reprit Jeanne. Maître Jean Erault, écrivez : « *Vous, Suffolk, Glasdale* « *et Lapoule, je vous somme, de par le roi des cieux,* « *que vous retourniez en vos pays!* »

Ainsi parlait-elle, le visage illuminé. Et ces hommes qui voulaient se faire ses juges étaient devant la jeune fille comme des écoliers devant leur maître.

X.—JEANNE EST ADOPTÉE COMME CHEF DE GUERRE

Enfin, les théologiens mirent un terme à leur minutieuse enquête. Ils déclarèrent que Jeanne était une très honnête fille, et que, *vu l'urgente nécessité où on était, vu le danger couru par la ville d'Orléans, le roi pouvait s'aider de Jeanne.*

Les politiques furent de l'avis des théologiens. Ils espéraient que l'enthousiasme de Jeanne allumerait l'enthousiasme des hommes d'armes. Puis cette jeune fille ne leur portait pas ombrage. Elle ambitionnait de servir la France, non d'empiéter sur le crédit de personne.

Mais c'est dans le peuple que Jeanne avait ses vrais amis. Les pauvres gens venaient la voir en foule. Après l'avoir entendue, beaucoup pleuraient à chaudes larmes. Tous avaient foi en elle.

Le roi décida que Jeanne aurait la situation d'un chef de guerre. On attacha à sa personne un écuyer, deux pages, deux hérauts d'armes et un chapelain. On lui fit une armure et une bannière.

La bannière était blanche, semée de fleurs de lis. Sur un côté étaient écrits les mots *Jésus, Marie.* Sur l'autre était représenté Jésus, tenant à la main un globe et adoré par deux anges.

Jeanne voulait sauver la France sous les auspices de celui en qui elle adorait le sauveur du monde.

LIVRE DEUXIÈME

LA GUERRIÈRE

« C'était une âme de riche composition.
» Elle mariait à l'extrême valeur l'ex-
» trême bénignité. »

MONTAIGNE ET PASCAL.

« Loin de nous les héros sans huma-
» nité. Ils pourront bien forcer les res-
» pects, et ravir l'admiration, comme
» font tous les objets extraordinaires;
» mais ils n'auront pas les cœurs. »

BOSSUET.

LIVRE DEUXIÈME

LA GUERRIÈRE

I. — ARRIVÉE DE JEANNE A ORLÉANS

Il avait été convenu, dans le conseil du roi, que Jeanne essayerait d'entrer à Orléans avec un convoi de vivres.

Jeanne se rendit à Blois, où se faisaient les préparatifs du convoi.

Elle se trouva là en face d'hommes d'armes portés à la tourner en dérision.

Mais elle leur inspira vite respect et confiance.

Pour lui complaire, beaucoup renoncèrent à leurs déréglements et s'interdirent même de jurer.

L'un d'eux, La Hire, reniait Dieu à tous moments. Jeanne l'admonesta fort. Mais, quand il était en colère, La Hire avait un irrésistible besoin de jurer. Jeanne lui

3.

permit de jurer par son bâton. Ce qu'il fit désormais.

Le même La Hire était peu dévot, au gré de Jeanne. Il se contentait d'adresser à Dieu de temps en temps une prière ainsi conçue : « Sire Dieu, je te prie de faire » pour La Hire ce que La Hire ferait pour toi, si tu » étais à sa place et qu'il fût à la tienne. »

Jeanne le décida à se confesser.

Sa piété enthousiaste se communiquait à tous.

Soir et matin, le peuple entonnait psaumes et cantiques. Jeanne, à genoux, priait de tout son cœur.

Quand eut lieu le départ, le chapelain de Jeanne et d'autres prêtres ouvrirent la marche, en chantant l'hymne : « *Viens, Esprit Créateur, visiter nos âmes.* »

Jeanne, impatiente, voulait qu'on se rendît à Orléans par le plus court chemin.

— « Mais, lui dirent les chefs de guerre, nous arriverions alors par le côté où les Anglais sont le plus en nombre et le mieux fortifiés. »

— « Tant mieux, répondit-elle, nous n'aurons que plus grand mérite et profit. Allez directement. Ainsi le commandent mes voix. »

Pour contenter Jeanne, on lui dit qu'il serait fait selon son désir. Néanmoins, voulant suivre la route la plus sûre, on fit un long détour.

Jeanne ne connaissait pas les chemins. C'est seulement lorsqu'on arriva devant Orléans qu'elle sut qu'on l'avait trompée.

Cela l'affecta beaucoup.

Aussi, quand Dunois, dit le bâtard d'Orléans, qui était le principal capitaine d'alors, vint à sa rencontre, elle lui manifesta son mécontentement.

— « Êtes-vous le bâtard d'Orléans? » dit-elle en l'apercevant.

— « Lui-même, bien joyeux de votre venue, » répondit Dunois.

Sans faire attention au compliment, Jeanne reprit :

— « Est-ce vous qui avez donné conseil d'arriver par un détour, et non tout au travers des forces de l'ennemi? »

— « Les plus sages capitaines ont été de cet avis, » dit Dunois.

— « L'avis de messire Dieu valait mieux que le vôtre et le leur. Vous avez cru me décevoir et vous vous êtes déçus. »

— « Vous nous apportez donc bon secours, Jeanne? »

— « Le meilleur qui fût jamais, le secours de Dieu. »

— « Nous vous serons alors bien redevables. »

— « Nullement. Ce secours ne vous est pas donné par amour de moi, mais par grande pitié pour le royaume de France, à la requête de saint Charlemagne et de saint Louis. »

Le convoi, un moment compromis, réussit à pénétrer dans Orléans sans coup férir.

C'est à huit heures du soir, le 29 avril, que Jeanne fit son entrée solennelle.

Elle était revêtue de son armure blanche et montée sur un cheval blanc. Un héraut la précédait, portant sa bannière.

A ses côtés chevauchait Dunois, armé et vêtu magnifiquement.

Derrière venaient nombre de vaillants seigneurs, écuyers et gens de guerre.

Les habitants étaient accourus en grande liesse, des torches à la main.

Ils se sentaient réconfortés et comme « désassiégés » par la seule vue de Jeanne.

Hommes, femmes et petits enfants l'entouraient. Chacun était fier d'avoir pu toucher à elle ou à son cheval.

— « Jeanne, croyez-vous que Dieu aura pitié de nous? » lui disait-on.

— « Oui, bons Français, répondait-elle. C'est bien assez que les ennemis aient la personne du duc d'Orléans. Ils n'auront pas sa ville. »

II. — APPEL A LA PAIX ET APPEL AUX ARMES

Répugnant à répandre le sang, Jeanne par deux fois somma les Anglais de se retirer.

Avant d'arriver à Orléans, elle avait dicté un message ainsi conçu :

« Roi d'Angleterre, et vous, duc de Bedfort qui commandez les armées anglaises, et vous tous, lieutenants du duc, faites raison au roi du ciel.

» Je suis la Pucelle, envoyée de par Dieu. Rendez-moi les clefs des bonnes villes que vous avez prises et violées en France.

» Mission m'a été donnée pour réclamer justice.

» Je suis prête à la paix, si vous laissez la France.

» Si vous ne partez, attendez nouvelles de la Pucelle, qui vous ira voir, à votre grand dommage. Tous vous serez chassés ou occis.

» Roi d'Angleterre, n'ayez point en votre opinion que vous aurez le royaume de Dieu. L'aura le roi Charles, vrai héritier : et il entrera dans Paris avec bonne compagnie. Dieu le veut.

» A moins que vous ne fassiez raison, il va être fait si grand carnage, qu'il n'y en a pas eu un si grand en France depuis mille ans.

» Aux horions, on verra qui a meilleur droit. »

L'image des tueries prochaines épouvantait Jeanne. Elle plaignait tout ce pauvre monde qui ne décide pas la guerre et en est la grande victime : ces multitudes d'hommes d'armes d'Angleterre et de France qui, guettés par la mort, ne devaient plus revoir leurs foyers; tant de misérables familles, toujours dans les alertes, rançonnées, affamées par ceux du continent comme par ceux d'outre-mer, et jetées souvent en un tel désespoir que père, mère, enfants se faisaient un bûcher de leur chaumière en feu.

Au lendemain de son arrivée à Orléans, Jeanne, debout sur le boulevard de la Belle-Croix, qui était une position avancée, voulut renouveler son appel à la paix.

Apostrophant les Anglais qui étaient au fort des Tourelles, elle leur cria à voix très haute : « Hommes d'Angleterre qui prenez ici tant de peine, quittez le siège incontinent, ou il vous arrivera malheur. Vous n'avez aucun droit au royaume de France. »

Les Anglais répondirent par des injures aux sommations de Jeanne :

— « Vilaine fille, lui criaient-ils du haut de leurs bastilles, nous te mettrons au feu et te ferons rôtir. Retourne garder tes vaches. Tu n'es qu'une ribaude. »

Ce nom de ribaude, qu'on lui jetait, faisait grande peine à Jeanne.

— « Ah! disait-elle, c'est une menterie. Dieu le sait

bien. » Et elle pleurait. Puis, elle priait et se sentait consolée.

Les appels pacifiques étant inutiles, Jeanne aurait voulu que tout de suite on courût sus aux Anglais.

— « Allons assiéger les assiégeants ! » s'écriait-elle.

— « Ce n'est pas chose à entreprendre sitôt, dirent les principaux capitaines. Nous serions écrasés. »

Jeanne consentit à remettre l'attaque jusqu'à l'arrivée des renforts attendus de divers côtés.

III. — PREMIER COMBAT DE JEANNE DEVANT ORLÉANS

Les renforts arrivèrent sans encombre, le 4 mai.

Mais, le jour même, on apprit que sir John Falstolf, chef de guerre redoutable, allait amener des secours aux Anglais.

Cette nouvelle réjouit Jeanne.

— « Bâtard, dit-elle à Dunois, au nom de Dieu, je te commande de m'aviser sitôt que tu sauras la venue dudit Falstolf. »

Et elle ajouta, avec sa bonne humeur habituelle : « Bâtard, si ce Falstolf passe sans que je le sache, je te ferai couper la tête. »

Dunois promit de l'avertir.

Ayant besoin de repos, Jeanne s'était jetée sur le lit de son hôtesse. Mais elle était très agitée. L'idée de ce Falstolf la préoccupait.

Tout à coup, elle se leva, appela son écuyer et lui dit : « Vite, il me faut armer. Mon conseil me dit d'aller sus aux Anglais ! »

L'écuyer commençait à l'armer, lorsqu'un grand bruit se fit entendre.

— « A l'ennemi ! à l'ennemi ! on se bat ! » criaient des voix confuses.

— « Mon Dieu, dit Jeanne, le sang de nos gens coule » par terre, et je ne suis pas là ! Que ne m'a-t-on éveil- » lée ! Mes armes ! mon cheval ! »

Et apercevant son page : « Méchant garçon, dit-elle, » qui n'êtes pas venu me dire que le sang de France » était répandu ! Vite, partons. »

Au bout d'un moment, Jeanne s'élançait, tenant sa bannière, et faisant jaillir des étincelles sous le galop de son cheval.

A l'entrée de la ville, elle aperçut un blessé qu'on portait sur un brancard. Cette vue augmenta son trouble.

Un peu plus loin, elle se trouva en face d'hommes d'armes qui fuyaient. Ils avaient attaqué à la légère une bastille des Anglais, la bastille de Saint-Loup. Après un fier assaut, il leur avait fallu céder devant le nombre.

Jeanne les ramena. Une multitude suivait ses pas. On eût dit que tout Orléans était accouru.

Pendant trois heures, les Anglais tinrent bon.

Agitant sa bannière, Jeanne se multipliait.

Enfin la bastille de Saint-Loup fut emportée, et ses défenseurs passés au fil de l'épée.

Jeanne s'attristait de voir tant de gens mourir, et mourir sans confession. Elle réussit à en sauver quelques-uns.

L'effet de ce premier triomphe fut immense.

On se racontait que Jeanne avait miraculeusement appris qu'on était aux mains, et que, dès son apparition sur le lieu du combat, il n'y avait plus eu de Français tués.

On se racontait aussi que des hommes armés de toutes pièces avaient été vus chevauchant en l'air sur de grands coursiers blancs et qu'ils criaient aux populations effrayées : « Français, n'ayez peur ! »

Ces histoires tournaient la tête aux Anglais. Ils imaginaient les plus terribles prodiges et s'abandonnaient à l'épouvante.

Précédemment, dans les escarmouches, cinq cents Anglais chassaient deux cents Français ; maintenant deux cents Français chassaient cinq cents Anglais.

Les chefs déconcertés ne savaient que résoudre. Leur rage accusait Jeanne et la maudissait.

Jeanne ne maudissait personne.

— « Je ne veux aucun mal aux Anglais, disait-elle. Mais qu'ils s'en aillent chez eux ! »

IV. — SECOND COMBAT DE JEANNE DEVANT ORLÉANS

Le lendemain du combat de Saint-Loup, Jeanne somma une troisième fois les Anglais de faire la paix, et leur envoya sa lettre au bout d'une flèche.

— « Lisez, cria-t-elle, ce sont nouvelles. » Et elle ajouta : « Anglais, allez-vous-en, si vous voulez éviter honte et malheur. »

— « Ribaude ! Ribaude ! » crièrent les Anglais du haut de leurs remparts.

Indignée, Jeanne, dit-on, somma ceux qui l'insultaient de venir, en champ clos, se mesurer avec elle. Nul ne s'y hasarda.

Puisqu'il fallait lutter, Jeanne voulait qu'on allât droit aux grandes bastilles des Anglais, sur la rive gauche de la Loire.

Les chefs convinrent de feindre d'agir ainsi pour attirer l'ennemi de ce côté. Leur intention était d'attaquer les petites bastilles, une fois dégarnies de défenseurs.

Le conseil avait été tenu sans Jeanne. On ne l'appela

qu'à la fin, et elle reconnut vite qu'on lui cachait quelque chose.

— « Dites ce que vous avez conclu, s'écria-t-elle. Je saurai garder ce secret et de plus grands. »

Et elle allait et venait à grands pas, toute courroucée.

Dunois l'apaisa et la mit au courant.

L'attaque aboutit mal d'abord.

Les Anglais, brûlant eux-mêmes la petite bastille qu'on voulait prendre, s'étaient concentrés dans leurs deux grandes bastilles des Augustins et des Tourelles.

Déjà la Pucelle plantait son étendard au bord du fossé des Augustins lorsqu'une terreur panique saisit ses compagnons.

Ils entraînèrent Jeanne, et battirent en retraite.

Les Anglais étaient sortis de leurs forts avec grande violence. Ils coururent sur la Pucelle, la huant et l'insultant.

Tout à coup, Jeanne fit volte-face.

— « *En nom Dieu, sus aux Anglais!* » s'écria-t-elle, et, bannière déployée, elle tint tête à l'ennemi.

— « Sus aux Anglais! » répéta La Hire qui demeurait ferme à la droite de Jeanne.

Bientôt ce fut à qui marcherait le plus vaillamment à côté de la Pucelle. De nouveaux hommes d'armes arrivèrent. Les Anglais reculèrent. On attaqua la grande bastille des Augustins.

Jeanne courait partout, élevant sa bannière. Les chevaliers s'escrimaient à l'envi.

La bastille fut prise et incendiée.

La Pucelle avait reçu au pied une blessure. Néanmoins, elle ne voulait pas rentrer dans la ville.

— « Mes gens vont passer la nuit hors des murs, disait-elle, je veux rester avec eux. »

A force d'instances, on la décida à rentrer.

V. — TROISIÈME COMBAT DE JEANNE DEVANT ORLÉANS

Jeanne voulait qu'on attaquât le fort des Tourelles dès le lendemain. La majorité des chefs opinait pour attendre.

— « Le conseil a décidé qu'on différerait jusqu'à l'arrivée de nouveaux renforts, » dirent-ils à Jeanne.

— « Vous avez été à votre conseil et j'ai été au mien, répondit Jeanne. Le conseil de messire Dieu tiendra ; celui des hommes périra. »

Et, s'adressant aux personnes de son entourage, elle dit :

« Qu'on se tienne prêts de bonne heure. J'aurai demain fort à faire. Il sortira du sang de mon corps. »

A la pointe du jour, Jeanne montait à cheval.

Les capitaines s'efforçaient de la retenir.

Le bourgeois chez qui elle logeait la suppliait aussi de rester et lui disait :

— « Jeanne, demeurez. Nous voulons vous faire goûter d'un excellent poisson. »

— « Attendez jusqu'à ce soir, répondit-elle. Je vous amènerai quelques *goddem* qui en mangeront leur part. »

Elle partit.

Tout un flot de soldats et de bourgeois la suivait.

Aux portes de la ville, elle trouva le gouverneur Gaucourt qui s'opposait à sa sortie.

— « Vous êtes un méchant homme, dit-elle. Qu'il vous plaise ou non, les hommes d'armes passeront et gagneront comme ils ont gagné. »

A ces mots grand tumulte. Le sire de Gaucourt faillit être mis en pièces, et les portes durent s'ouvrir devant la furie du peuple.

Bientôt après, et les capitaines récalcitrants et le sire de Gaucourt lui-même suivaient la Pucelle.

Vers huit heures du matin commença la lutte, lutte de géants.

Les Anglais, hardis de maintien et froidement résolus, criblèrent les assaillants de boulets et de traits.

Les Français, sous le feu des canons, à travers flèches et pierres lancées contre eux, arrachaient les palissades, comblaient les fossés, escaladaient les murs.

Quelques-uns arrivaient au sommet. Ils retombaient aussitôt, frappés par les haches, les piques, les maillets de plomb de l'ennemi.

Mais rien ne les décourageait. Ils recommençaient leurs assauts; et les braves Anglais ne pouvaient s'empêcher de dire : « Ces Français se croient donc immortels? »

Jeanne était partout, animant les courages :

— « Ayez bon cœur et bon espoir! s'écriait-elle.

L'heure approche où les Anglais seront déconfits. Tout viendra à bonne fin. »

Cependant, vers une heure, les assaillants, lassés, semblaient mollir.

— « Ne doutez point. La place est vôtre, dit Jeanne. Qui m'aime me suive ! »

Elle descendit dans le fossé, appliqua une échelle contre le rempart et se mit à monter.

Au moment même, un trait l'atteignit entre l'épaule et la gorge. Elle tomba.

On accourut ; on l'emporta ; on la désarma pour panser sa blessure.

Son sang coulait.

Le cœur lui faillit et elle se prit à pleurer.

Mais, ayant prié, elle n'eût plus d'effroi. Elle-même arracha le fer de la plaie.

Des hommes d'armes lui proposèrent de *charmer* sa blessure par des paroles magiques, selon la superstition du temps.

Jeanne refusa.

— « J'aimerais mieux mourir que de pécher ainsi, dit-elle. Voyez s'il n'y a pas un moyen de guérir ma blessure sans mal faire. »

On lui mit une compresse d'huile d'olive.

Cependant, la nouvelle que Jeanne avait été blessée avait jeté le découragement dans l'armée. Les capitaines faisaient sonner la retraite.

Jeanne retrouvant ses forces, courut à eux.

— « Au nom de Dieu, dit-elle à Dunois, ne partez pas. Faites seulement reposer nos gens; mangez et buvez; puis, retournez à l'assaut. Sans nulle faute, les Anglais faibliront; et seront prises leurs tourelles et leurs boulevards. »

On l'écouta.

Pendant que ses compagnons reprenaient haleine, Jeanne se mit en prières dans une vigne.

Après une courte relâche, l'attaque recommença plus ardente que jamais.

Parmi les combattants était l'écuyer de Jeanne. Il tenait l'étendard de la Pucelle.

Voyant au loin remuer son étendard, Jeanne ne put tenir en place. Elle courut le ravoir, malgré sa blessure.

Les Anglais croyaient Jeanne mourante. Quand ils l'aperçurent debout sur le bord du fossé, sa bannière à la main, ils furent tout saisis.

— « Regardez si mon étendard touche le mur, » dit Jeanne à un gentilhomme.

— « Il y touche. »

— « Eh bien, tout est à vous. Entrez. » s'écria-t-elle.

Et les Anglais frissonnaient d'épouvante; et les Français se ruaient à l'assaut avec une impétuosité invincible.

Aussi pressée est une bande d'oisillons allant percher sur un buisson, aussi serrée était cette nuée d'assaillants.

Ils escaladaient le mur si lestement qu'on eût dit qu'ils montaient les degrés d'un escalier.

Bientôt, sur le parapet, s'engagèrent des luttes furieuses où Anglais et Français ferraillaient corps à corps.

Le capitaine anglais, Glasdale, faisait des prodiges de vaillance. On l'eût pris pour le démon de la guerre.

— « Tenez ferme, criait-il à ses compagnons, la fleur des guerriers anglais. Nous vaincrons. Nous entrerons dans Orléans, et nous n'y laisserons ni homme ni femme qui vive ! »

Mais, devant l'élan des Français et à l'aspect de cette maudite Pucelle, les Anglais étaient pris de vertige.

Ils croyaient voir, qui, des légions d'anges planant au-dessus des Français ; qui, des colombes blanches voltigeant autour de l'étendard de Jeanne ; qui, l'archange saint Michel menant l'assaut.

— « Rends-toi, Glasdale, criait de loin la Pucelle ; rends-toi au roi des cieux ! Ah ! Glasdale, tu m'as vilainement injuriée ; mais j'ai grande pitié de ton âme et de celle des tiens. »

Glasdale, voulant battre en retraite, monta sur un pont où les assaillants venaient de mettre le feu. Le pont, attaqué par les flammes, céda. Glasdale et les siens furent précipités dans les flots.

A ce spectacle, Jeanne, émue de compassion, pleura.

Bientôt après, les soldats français qui, par deux côtés, avaient attaqué les Tourelles, se rejoignaient dans les murs du fort.

Le soir, les cloches d'Orléans sonnaient à toute volée ;

tout le peuple faisait cortège à Jeanne rentrant dans la ville, et des milliers de voix chantaient l'hymne d'actions de grâces : « *O Dieu, nous vous louons.* »

C'est au bruit de ce triomphe que se réunirent en conseil les chefs anglais qui occupaient la rive droite de la Loire.

Leurs troupes étaient si découragées qu'ils n'avaient osé ni porter secours à Glasdale, ni attaquer la ville pendant le combat des Tourelles.

La levée du siège fut décidée.

VI. — ORLÉANS DÉLIVRÉ

Le lendemain, dimanche, 8 mai, dès la pointe du jour, les Anglais quittaient leurs retranchements et se rangeaient en bataille devant la ville.

Ne voulant pas partir avec honte, ils avaient l'air d'offrir le combat aux Français.

Plusieurs capitaines auraient voulu accepter ce défi.

Mais Jeanne se leva, quoique souffrant beaucoup de sa blessure, et courut les arrêter.

— « Pour l'amour et l'honneur du saint dimanche, s'écria-t-elle, n'attaquez pas les Anglais. S'ils veulent partir, qu'ils s'en aillent ! Mais, s'ils vous assaillent, défendez-vous hardiment, et vous serez les maîtres. »

Bientôt après, les Anglais commençaient à opérer leur retraite en bel ordre, étendards déployés.

— « Vous voyez bien, dit Jeanne, que maintenant ils vous tournent le dos au lieu du visage. Laissez-les aller. Vous les aurez une autre fois. »

Les hommes d'armes obéirent à la Pucelle, mais pas si complètement qu'ils n'allassent poursuivre les traînards et gagner du butin

Tout Orléans était en fête.

Hommes et femmes se jetaient aux pieds de Jea

— « Vous êtes notre Providence, s'écriait-on.

— « Ce n'est pas moi, c'est Dieu qu'il faut remercie répondait Jeanne.

Et elle convia les Orléanais à une procession sol nelle autour des murs de la ville.

La procession eut lieu. Tous les ans, le 8 mai, el se renouvelle. (1)

Enfin la fortune était revenue à la France. Il y eu dans toutes les provinces un éclat de joie inexprimable et un débordement d'admiration pour la vierge de Domrémy.

Certes, la délivrance d'Orléans était naturelle. Tant et tant d'hommes vaillants s'y étaient réunis !

Mais cette ardente masse de courages avait été glacée par les triomphes successifs des Anglais. Pour la réchauffer, il avait fallu le grand courant d'enthousiasme que Jeanne créa.

Au bout de neuf jours, la Pucelle avait mis fin à un siège de sept mois.

(1) La ville de Bourges a célébré de même la délivrance d'Orléans jusqu'en 1793. (Voir le *Mois de Jeanne d'Arc*). Tours aussi la célébra pendant plusieurs années.

Des envoyés allèrent porter aux villes la bonne nouvelle. De là notamment le nom de *Bonne Nouvelle* donné par les Montpelliérains à la voie par où le messager arriva.

Grande alors était la fraternité entre les villes, s'assistant mutuellement d'hommes, d'argent, de vivres, de fer, de poudre, de salpêtre, etc., ainsi qu'en témoigne la lettre dictée par Jeanne d'Arc (et qu'on lui fit signer en guidant sa main), dont le facsimilé est en tête du présent ouvrage.

VII. — LA CAMPAGNE DE LA LOIRE DÉCIDÉE

Dès le lendemain de la levée du siège, Jeanne se déroba aux ovations des Orléanais, et, toute blessée qu'elle fût, alla trouver le roi.

Il était attendu à Tours. Elle l'y devança et sortit à cheval au-devant de lui, son étendard à la main.

Dès que le roi parut, Jeanne lui fit révérence, inclinant la tête très bas.

Le roi ému ôta son chaperon, entoura Jeanne de ses bras et la redressa.

Volontiers, disent les chroniqueurs, il eût donné un baiser à l'humble fille, tant sa joie était grande.

Il lui fit belle fête, et la remercia fort d'avoir accompli si noble besogne.

Mais Jeanne ne venait pas chercher des compliments; elle venait chercher des armes, de l'argent, des soldats, et le roi lui-même qu'elle voulait conduire à Reims.

— « Sire, lui dit-elle, il est temps que vous vous mettiez en chemin pour être couronné à Reims. »

— « Mais, Jeanne, répondit le dauphin, les ennemis ont encore trop grande puissance. C'est l'avis de tous mes conseillers. »

— « Gentil roi, reprit Jeanne, ne tenez pas tant et de si longs conseils. Par mon martin bâton, je vous mènerai à Reims sûrement, et là, vous recevrez votre digne sacre. »

Et elle se jetait à ses genoux, et souventes fois elle lui répétait : « Je ne durerai guère, sire. Il faut donc me bien employer. »

Charles finit par décider qu'il irait à Reims dès qu'on aurait enlevé aux Anglais les places qu'ils occupaient aux bords de la Loire.

— « Eh bien, marchons contre ces places ! » dit la Pucelle.

Une nouvelle levée de gens de guerre eut lieu, et à la tête de l'armée fut placé le duc d'Alençon qui, pris par les Anglais, venait de se racheter d'entre leurs mains.

— « Soyez le bien venu, lui avait dit Jeanne. Plus il y en aura ensemble du sang du roi de France, mieux cela vaudra. »

La femme du duc avait grand chagrin de le voir partir.

— « La rançon de mon mari nous a coûté cher, disait-elle. S'il me croyait, il demeurerait. »

— « Madame, lui répondit Jeanne, je vous le ramènerai sain et sauf, et même en meilleur contentement qu'à présent. Soyez sans crainte. »

Sur cette assurance, la duchesse se résigna.

VIII. — JEANNE DEVANT JARGEAU

On avait résolu d'attaquer d'abord Jargeau, où le comte de Suffolk s'était retiré après la levée du siège d'Orléans.

Une garnison d'élite défendait la place.

Elle fit une brusque sortie à l'approche des Français.

Les Français surpris se troublèrent.

Ils commençaient à lâcher pied lorsque Jeanne, élevant son étendard, leur cria : « Sus, amis ! Nous les aurons. » Et elle-même se jeta au fort de la mêlée.

Ses paroles et son exemple ranimèrent la lutte, et les Français firent si bien que, la nuit même, ils purent s'établir dans les faubourgs de la ville.

Le lendemain, 12 juin, Jeanne fit sommer les Anglais de se retirer : « Sortez, leur disait-elle, et vous aurez la vie sauve. »

Les Anglais, qui espéraient toujours le renfort conduit par Falstolf, voulaient traîner les choses en longueur.

— « Puisqu'ils ne veulent pas sortir à l'heure même, dit Jeanne, prenons-les de force. »

Et canons et bombardes de tirer sur la ville.

Bientôt une brèche fut faite au mur.

Jeanne fit sonner les trompettes, et cria au duc d'Alençon : « En avant, gentil duc, à l'assaut ! »

Le duc hésitait; les autres capitaines hésitaient aussi, à cause du grand nombre des défenseurs de Jargeau.

— « Ne craignez aucune multitude, dit Jeanne, et assaillez ces Anglais. Dieu conduit notre œuvre. Si je n'en étais sûre, croyez-le bien, je préférerais garder mes brebis que de m'exposer à tant de contradictions et de périls. »

— « Mais, dit le duc d'Alençon, c'est trop tôt commencer l'assaut. »

— « Ne doutez point. C'est l'heure. J'en suis sûre. Il faut besogner quand Dieu veut. Travaillez, et Dieu travaillera. »

Et toujours gaie, elle ajouta : « Ah ! gentil duc, as-tu peur? Tu sais bien que j'ai promis à ta femme de te ramener. »

L'assaut commença. Il fut terrible.

De tous côtés, les Français arrachaient les palissades, comblaient les fossés, escaladaient les murs.

De tous côtés, les Anglais faisaient pleuvoir des boulets, renversaient les échelles, massacraient les assaillants.

Le duc d'Alençon fut sur le point d'être tué. Jeanne le sauva.

— « Gentil duc, lui dit-elle, retirez-vous d'où vous êtes, sinon cette bouche à feu qui est là-bas va vous envoyer la mort. »

Le duc se retira. Un moment après, le seigneur de Lude se mettait à la même place et était tué.

On luttait depuis quatre heures, lorsque Jeanne monta elle-même sur une échelle, l'étendard à la main, au point où la défense était la plus âpre.

Malheur! une grosse pierre, roulée du haut de la muraille, vient frapper son casque et la renverse dans le fossé.

On la crut morte. Mais elle se releva aussitôt en criant : « Sus! sus, amis! Notre Sire a condamné les Anglais. Ils sont nôtres à cette heure. »

A ces mots, les Français sentent leurs forces centuplées. Devant leur impétuosité, rien ne tient. La ville est prise.

Beaucoup d'Anglais avaient péri dans l'assaut. Les autres, parmi lesquels Suffolk, furent faits prisonniers. Voici ce qu'on raconte :

D'abord Suffolk avait refusé de se rendre.

— « Rendez-vous! » lui crièrent le duc d'Alençon et d'autres seigneurs.

— « Dussé-je mourir, répondit Suffolk, je ne me rendrai point à vous! »

— « Rendez-vous! » lui cria-t-on encore.

— « Si je me rends, dit-il, je me rendrai à la Pucelle qui est la plus vaillante femme du monde et qui, je le vois bien, doit tout subjuguer. »

Bientôt après, Suffolk remettait son épée entre les mains de la Pucelle.

IX. — PRISE DE BEAUGENCY ET ARRIVÉE DE RICHEMONT

Jargeau pris, Jeanne dit :

« Maintenant allons voir les Anglais de Meung. »

On y alla, et, après une vigoureuse attaque, on prit d'assaut le pont de Meung, que les Anglais s'étaient plu à fortifier.

Maîtresse de ce point important, l'armée alla sur Beaugency. La garnison de Beaugency évacua la ville et se retrancha dans le château.

Le siège du château commença le 16 juin. Le château dût se rendre le 17.

Sur ces entrefaites, le connétable de Richemont, grand seigneur disgracié par le roi, était venu rejoindre l'armée avec nombre d'hommes d'armes. Il était las de rester les bras croisés, pendant qu'on se battait contre les Anglais.

Le roi, toujours aigri, ayant appris que le connétable se mettait en route, lui fit signifier de ne pas passer outre.

— « Ce que j'en fais est pour le bien du royaume,

répondit le connétable. Si quelqu'un vient à le combattre, nous verrons. »

Quand Richemont arriva près de Beaugency, le duc d'Alençon ne voulut pas l'accueillir.

Mais, sur la prière des seigneurs, Jeanne s'entremit.

Elle représenta qu'il fallait s'aider les uns des autres. Le connétable jura qu'il servirait loyalement le roi. Et l'accord se fit.

Pourtant les Anglais arrivaient, renforcés des secours amenés par Falstolf.

A côté du redouté Falstolf était lord Talbot, le plus vaillant des capitaines qui avaient combattu devant Orléans.

Pour lors, on vit quel avantage c'était d'avoir reçu Richemont.

— « Ah! bon connétable, lui dit Jeanne, vous n'êtes pas venu de par moi; mais, puisque vous voilà, vous serez le très bien venu. »

X. — BATAILLE DE PATAY

Une bataille était imminente. Cependant, on hésitait d'un côté et de l'autre.

Falstolf était d'avis de ne rien risquer et de se renfermer dans les forteresses les plus sûres jusqu'à ce que la confiance fût revenue aux troupes découragées.

— « Si la fortune nous est encore mauvaise, disait-il, tout ce que nous avons conquis en France avec si grand labeur, ira en perdition. Attendons de nouveaux renforts. »

Talbot, lui, était impatient d'affronter les Français en rase campagne.

— « C'est assez, disait-il, que nous ayons tourné le dos à Orléans. Plutôt mourir que subir de nouveau telle honte. N'aurais-je que mes gens près de moi, j'irai au combat. »

— « Eh bien, dit Falstolf, tentons l'aventure. »

De leur côté, les Français répugnaient à une bataille rangée.

Ils se souvenaient de leurs anciennes défaites de Crécy, de Poitiers et d'Azincourt. Ils redoutaient l'habileté stratégique des Anglais.

— « Jeanne, combattrons-nous? » demanda le duc d'Alençon.

— « Avez-vous de bons éperons? » répondit Jeanne.

— « Qu'est-ce à dire? Nous tournerons donc le dos? »

— « Non, reprit-elle, ce sont les Anglais qui fuiront, et il faudra de bons éperons pour les poursuivre. »

Quelques gens du roi hésitaient encore.

— « Au nom de Dieu, s'écria Jeanne, chevauchez hardiment contre les Anglais. Quand ils seraient pendus aux nues, nous les aurons. »

Jeanne voulait être à l'avant-garde, avec La Hire. On la fit rester dans le corps de bataille, à côté du duc d'Alençon et de Dunois.

L'armée partit.

On chevauchait depuis quelques heures dans la belle plaine de Beauce, lorsqu'on arriva près de Patay, non loin d'un bois.

Tout à coup, les éclaireurs de l'avant-garde firent lever un cerf. Celui-ci s'enfuit à travers les taillis; et voici que presque aussitôt de grandes huées retentirent. Le cerf était allé se jeter parmi les soldats de l'armée anglaise.

L'ennemi était donc là, caché par le bois.

L'impétueux La Hire se précipita en avant et tomba sur les Anglais au moment même où venait de se clore le débat entre Talbot et Falstolf.

Soldats anglais, rangez-vous! Archers, plantez devant vous les pieux aiguisés dont vous vous faites un rempart ! — C'est impossible, tant le choc des Français est rude et soudain.

Ce choc fut un coup de foudre sous lequel tout s'abîma.

Le fier Falstolf se résigna à prendre la fuite.

Le brave Talbot chercha en vain la mort et fut pris.

— « Vous ne pensiez pas, ce matin, que cela vous arriverait, » lui dit le duc d'Alençon.

— « C'est la fortune de la guerre, » répondit Talbot impassible.

La poursuite des Anglais fut sanglante. On gardait prisonniers les seigneurs de qui on espérait bonne rançon; mais on massacrait les pauvres gens. Il y eut bien deux mille morts.

A la vue de tant de cadavres, Jeanne pleurait et grondait les hommes d'armes d'être si peu humains.

Il arriva que, tout à côté d'elle, un soldat frappa rudement à la tête un malheureux Anglais qui lui demandait merci.

— « Vil Français ! » s'écria Jeanne.

Elle sauta à bas de son cheval, souleva la tête du blessé, le soigna, le consola et l'aida à mourir.

La victoire de Patay terminait la campagne commencée par la prise de Jargeau.

Cette campagne de la Loire avait été l'affaire de huit jours, du 11 au 18 juin.

XI. — APPRÊTS DU DÉPART POUR REIMS

— « A Reims maintenant ! » s'écriait Jeanne, avec ce sens politique qui lui venait de son grand cœur.

— « A Reims ! » s'écriait la foule électrisée.

Il fallut bien se décider, malgré les sages de la cour.

De tout côté affluaient des gens désireux d'être de l'expédition.

Les gentilshommes qui n'avaient pas assez d'argent pour se procurer un équipement de chevalier, venaient en simples archers, montés sur de petits roussins.

Quelle que fût la solde, l'homme d'armes était content, dès qu'il suivait Jeanne.

On s'apprêta donc à partir pour Reims. Mais il y avait, sur le chemin de Reims, tant de châteaux, tant de places garnies d'ennemis, que cette marche paraissait insensée.

Encore si le dauphin avait utilisé toutes ses forces ! Mais, non. Docile aux implacables rancunes de son favori La Trémouille, le roi congédia le connétable de Richemont.

Le connétable avait la rage au cœur.

Il alla jusqu'à dire au favori, son ennemi : « De

grâce, laissez-moi servir le roi ! Je ferai tout ce qu'il vous plaira, fallût-il vous baiser aux genoux. »

Vaine humiliation. L'ordre de partir lui fut réitéré.

Jeanne intervint et supplia le dauphin.

Le dauphin s'obstina dans son refus.

— « J'aimerais mieux n'être jamais roi que de voir cet homme à mon sacre, » dit-il.

Richemont partit donc avec sa belle troupe de gens de guerre.

— « Unissez-vous aux Anglais, » lui dit un scélérat.

— « A Dieu ne plaise, répondit-il, que je trahisse ainsi mon roi et mon pays ! Puisqu'on ne veut pas de moi ici, je vais aller ailleurs faire la guerre aux Anglais pour mon propre compte. »

Et il alla batailler dans l'Ouest.

Ainsi, on s'était privé du puissant secours de Richemont. De plus, on manquait d'argent, de provisions, d'artillerie. Et, pour parvenir à Reims, il fallait traverser soixante lieues de pays occupé par l'ennemi.

Cependant Jeanne avait confiance entière, si bien qu'elle annonça à diverses villes sa prochaine arrivée à Reims.

Elle s'exprimait ainsi dans une lettre adressée en son nom à la fidèle cité de Tournay, le 25 juin :

« Loyaux habitants de cette bonne ville, la Pucelle vous fait savoir qu'elle a chassé les Anglais de toutes les places qu'ils tenaient sur les rives de la Loire.

» Ils ont été déconfits en bataille. Leurs meilleurs chevaliers sont morts ou pris.

» Maintenez-vous bons Français, et tenez-vous prêts à venir au sacre du noble roi, à Reims, où nous serons sous peu.

» Dieu vous garde! »

XII. — PREMIÈRES ÉTAPES DE LA MARCHE SUR REIMS

Les hommes d'armes se réunirent à Gien et se mirent en route le 29 juin, le dauphin à leur tête.

Ils étaient douze mille, pauvres de ressources, mais vaillants et pleins d'espoir.

On passa devant Auxerre, et, malgré les instances de Jeanne, on ménagea cette ville, qui ménageait à la fois Anglais et Français.

La ville de Saint-Florentin ouvrit ses portes sans résistance.

De là, on marcha sur Troyes, la capitale de la Champagne.

Selon son habitude, Jeanne voulut qu'avant d'employer la force, on sommât la ville de se rendre, et, le 4 juillet, étant à Saint-Phal, à quelques lieues de Troyes, elle dicta une lettre ainsi conçue :

« Très chers et bons amis, habitants de la ville de Troyes, Jeanne la Pucelle vous mande, de par le roi du ciel, son droiturier et souverain seigneur, que vous reconnaissiez le noble roi de France et lui donniez vraie obéissance.

» Il sera bientôt à Reims et à Paris, quelques forces qui marchent contre.

» Loyaux Français, hâtez-vous de venir au-devant du roi Charles !

» Si ainsi faites, ne craignez ni pour vos corps, ni pour vos biens.

» Si ainsi ne faites, je vous certifie, sur vos vies, que nous entrerons, avec l'aide de Dieu, en toutes les villes qui doivent être du saint royaume, et y serons maîtres envers et contre tous. »

Les notables de la ville firent jeter au feu la sommation de la Pucelle.

— « Cette Jeanne, disaient-ils, est une folle pleine du diable. Nous ne répondrons pas à une lettre qui n'a ni rime, ni raison. »

Le 5 juillet, l'armée royale arrivait devant les murs de Troyes, et s'y établissait, malgré une sortie de la garnison qui fut repoussée.

XIII. — JEANNE DEVANT TROYES

Il y avait alors à Troyes un moine fameux, prédicateur infatigable. On le nommait frère Richard.

Ayant ouï les merveilles qu'on contait de la Pucelle, il voulut aller la voir pour vérifier qui elle était.

Mais, aussitôt qu'il l'aperçut, un grand trouble le prit. Il redoutait qu'elle ne fût, comme le disaient les Anglais, un émissaire du diable.

Il s'avança donc avec précaution, aspergeant la route d'eau bénite, faisant de grands signes de croix, et disant : « Au nom du Père, du Fils et du Saint-Esprit, je t'exorcise, esprit immonde. »

Témoin de son embarras, Jeanne sourit et lui dit de loin : « Approchez hardiment, bon frère. Je ne m'envolerai pas. »

Frère Richard approcha ; et Jeanne le gagna si bien, qu'il fut désormais le plus zélé avocat de la cause du roi.

Cependant la ville ne se montrait pas disposée à ouvrir ses portes.

Les vivres manquaient aux gens du roi. Faute de pain, ils se soutenaient en égrenant des épis ou en cueillant des fèves dans les champs voisins.

De même que les vivres, les munitions étaient épui-

5.

sées. On était en peine pour se battre comme pour se nourrir.

En cette extrémité, le Conseil du roi s'assembla.

L'archevêque de Reims parla un des premiers, et dit :

« Depuis cinq jours, nous parlementons en vain avec les habitants de Troyes. Ils n'ont aucune envie de se soumettre, et nous n'avons pas de quoi leur faire peur.

» Autant nous sommes dépourvus, autant la ville est approvisionnée. Ses murailles sont solides et ses défenseurs nombreux. Impossible de la forcer, n'ayant ni artillerie, ni bombardes.

» Donc, ne commettons pas la folie de demeurer ici plus longtemps. Revenons vers la Loire. »

Les autres conseillers du roi opinèrent successivement, et presque tous furent de l'avis de l'archevêque.

Cependant un vieillard, Robert le Masson, sire de Trêves sur Loire, se souvint de Jeanne qu'on n'avait pas invitée au conseil.

Quand vint son tour de parler, il s'exprima ainsi :

« Lorsque le roi a entrepris cette expédition, ce n'est pas à cause de la grande puissance des gens de guerre qui le suivaient, ce n'est pas à cause de la quantité d'argent dont il disposait, ce n'est pas parce que le succès lui semblait bien possible, c'est seulement parce qu'il avait été exhorté par Jeanne qui lui disait d'aller en avant et qu'il trouverait peu de résistance ; car c'était la volonté de Dieu.

» Donc, il faut envoyer quérir la Pucelle et voir si elle n'a rien de plus à dire que ce qui a été dit au conseil. »

Le vieillard achevait de parler, lorsqu'on entendit frapper à la porte.

C'était Jeanne qui venait, ayant appris qu'on délibérait.

Mise au courant, elle dit au dauphin :

— « Serai-je crue de ce que je dirai? »

— « On vous croira si vous dites choses raisonnables et profitables, » dit le dauphin.

— « Serai-je crue? » répéta-t-elle.

— « Oui, selon ce que vous direz. »

— « Eh bien, noble roi de France, ordonnez à vos gens d'assaillir la ville, et ne tenez pas de plus longs conseils. Troyes sera en votre obéissance par force ou par amour avant que trois jours soient écoulés. »

— « Nous en attendrions bien six, si nous étions sûrs que vous dites vrai, » reprit l'archevêque de Reims.

— « N'ayez doute, s'écria Jeanne. Vous serez demain les maîtres. »

Quoique la nuit fût venue, Jeanne, toute rayonnante d'ardeur, monta à cheval, arbora sa bannière, mit en mouvement tous les hommes d'armes, fit apporter fagots, tables, portes, fenêtres, bois de toute sorte pour protéger les approches de la place, enfin activa les préparatifs de l'assaut avec si merveilleuse diligence qu'on disait : « A elle seule, la Pucelle fait la besogne de deux ou trois chefs de guerre expérimentés. »

Les habitants de la ville furent fort agités et inquiets, en entendant le grand bruit qui se faisait dans le camp.

Au lever du soleil, tout le monde accourut aux remparts, et on vit flotter entre les mains de la Pucelle cette bannière qui passait pour faire des prodiges.

— « A l'assaut ! à l'assaut ! » criait Jeanne d'une voix retentissante ; et tous les hommes d'armes la suivaient, comblant les fossés et portant des échelles pour escalader les murs.

Les assiégés prirent peur.

Beaucoup de simples gens croyaient voir une multitude de papillons blancs voltiger autour de la Pucelle.

— « C'est une armée d'esprits qui combattent avec elle, disaient-ils. Elle est invincible. »

Et de toutes parts, on criait : « Que cela plaise ou non aux seigneurs, nous voulons traiter. »

On entra en pourparlers. Il fut convenu que la garnison sortirait librement avec tout son avoir.

Mais dans cet avoir se trouvaient compris des Français prisonniers.

Le roi les avait oubliés. Jeanne pensa à eux.

A la vue de ces captifs que l'ennemi emmenait, le rouge lui monta au visage.

— « Par le nom de Dieu, s'écria-t-elle, ils ne les emmèneront pas. »

Elle arrêta le convoi, et le roi dût racheter les prisonniers.

XIV. — HALTE A CHALONS ET ARRIVÉE A REIMS

Après avoir fait une entrée triomphale à Troyes le 10 juillet, le roi et son armée se dirigèrent vers Châlons.

Convertie par le bruit des merveilles qu'opérait la Pucelle, la population châlonnaise vint d'elle-même au devant de Charles VII.

A Châlons, Jeanne eut une grande joie. Elle reçut la visite de cinq habitants de son village.

Leur vue lui rappela sa chaumière et son enfance.

Que de choses accomplies depuis quatre mois!

Et, là-bas, c'était toujours la même simple vie au foyer paternel, les mêmes belles fêtes à l'église, le même doux son des cloches, les mêmes bonnes promenades près de l'arbre des fées.

Prise par tous ces souvenirs, Jeanne se mit à pleurer.

Les bons villageois se demandaient si c'était bien là cette Jeanne qu'ils avaient connue filant près de sa mère et gardant les brebis.

Ils lui dirent :

— « Jeanne, dans toutes ces batailles, ne craignez-vous pas la mort? »

— « Je ne crains que la trahison, » répondit-elle.

Enfin, le 16 juillet, l'armée arriva sous les murs de Reims.

Des seigneurs du parti anglais poussaient les habitants à résister.

Les habitants préférèrent écouter leurs amis de Troyes et de Châlons qui, par des lettres pressantes, les sollicitaient de se rendre.

Ils chargèrent une députation de déposer aux pieds du dauphin les clefs de la cité.

Le jour même, le dauphin, escorté de Jeanne et de ses capitaines, fit son entrée solennelle dans la ville de Reims.

XV. — LE SACRE

Enfin le dauphin allait être sacré roi!

Jeanne voulut inaugurer la fête du triomphe par un appel à la concorde.

Le matin du 17 juillet, elle dicta une lettre à l'adresse du duc de Bourgogne, l'allié des Anglais.

Aux Anglais, elle avait adressé des sommations. Aux Bourguignons, qui étaient des Français, elle adressait des supplications.

— « Haut et redouté prince, disait-elle, Jeanne la Pucelle vous requiert, de par le roi du ciel, son droiturier et souverain seigneur, que le roi de France et vous fassiez paix qui dure.

» Pardonnez-vous l'un à l'autre, de bon cœur et entièrement, en loyaux chrétiens.

» Prince, je vous supplie à mains jointes, aussi humblement que je vous puisse supplier, de retirer vos troupes.

» Sachez, de par le roi du ciel, que vous ne vaincrez pas les loyaux Français.

» Quelque nombre de gens que vous envoyiez contre nous, ils n'y gagneront rien, et tant de leur sang sera répandu que ce sera grande pitié.

» Or donc le gentil roi de France, dont le sacre se fait aujourd'hui à Reims, est prêt à faire paix avec vous, son honneur étant sauf.

» Tendez-lui la main. Et, s'il vous plaît guerroyer, allez ensemble sur les Sarrasins. »

La dévote Jeanne mûrissait la pensée de faire tous les chrétiens amis, et de les réunir un jour contre les ennemis de la chrétienté.

Naguère, dans son message aux Anglais, elle avait tenu au duc de Bedfort le même langage qu'au duc de Bourgogne.

— « Duc de Bedfort, disait-elle, Jeanne la Pucelle vous
» prie et vous requiert que vous ne vous fassiez pas
» détruire. Si vous lui faites raison, vous pourrez venir
» en sa compagnie dans des lieux où les Français
» accompliront le plus beau fait qui fut jamais accompli
» pour la chrétienté. »

Le héraut, porteur de la lettre au duc de Bourgogne, venait de partir, lorsque commença la cérémonie du sacre.

Cette cérémonie eut lieu conformément au rituel antique.

Au pied de l'autel était le roi. Près de lui se tenaient les six principaux seigneurs et les six principaux prélats, représentant les douze pairs du royaume. Devant lui était debout un gentilhomme tenant l'épée royale.

Mais il y avait à côté du roi un personnage dont le vieux cérémonial n'avait pas prévu la présence. C'était

Jeanne, debout à la droite du roi Charles VII, sa bannière à la main.

Sur elle se portaient tous les regards de la foule.

Au moment où le prince, oint de l'huile sainte, reçut la couronne des mains de l'archevêque de Reims, la Pucelle se jeta à ses pieds et lui embrassa les genoux.

Aussitôt les chants s'interrompirent, et les trompettes qui sonnaient « *à faire fendre les murs de la cathédrale* » se turent.

— « Gentil roi, dit Jeanne, maintenant est exécuté le « plaisir de Dieu qui voulait que vous vinssiez à Reims « recevoir votre digne sacre, montrant que vous êtes « vrai roi et celui auquel le royaume doit appartenir. »

En disant ces mots, Jeanne pleurait. Tous ceux qui étaient là pleuraient aussi.

XVI. — GLORIFICATION DE JEANNE

Dès que le sacre fut connu, il y eût un merveilleux élan de tout le peuple vers Charles VII. Il était décidément le vrai roi, voulu par Dieu. Laon, Soissons, Chateau-Thierry, Provins et autres places, se mirent en son obéissance.

Parmi les Anglais régnait la stupeur.

La délivrance d'Orléans, la campagne de la Loire, la marche sur Reims leur paraissaient des prodiges.

Naguère confiants, aujourd'hui abattus, ils se disaient qu'il y avait quelque chose de surnaturel dans cette Jeanne qui avait fait des vaincus les vainqueurs.

Était-elle un instrument de Dieu ? Était-elle un instrument du diable ? Ils inclinaient à voir en elle un instrument du diable. Mais ils n'y gagnaient guère. Force leur était de constater que le diable avait le dessus.

Créature diabolique aux yeux des Anglais, Jeanne était une créature angélique aux yeux des Français.

On admirait sa piété, et il n'était bruit que de ses visions.

— « Les saints et les saintes du Paradis lui apparaissent, se disait-on.

» Elle les voit comme nous nous voyons les uns les autres. De leurs fronts ceints d'étoiles jaillissent des rayons lumineux, et des roses naissent sous leurs pas.

» Ces saints et ces saintes lui parlent. Elle les entend et leur répond.

» Leur présence lui inonde l'âme de joie. Quand les blanches visions s'évanouissent, elle devient toute triste.

» *Douces visions, que ne pouvez-vous durer toute la vie?* dit-elle. Et elle pleure, et elle baise le sol foulé par les messagers du Paradis.

» Puis, elle agit suivant les conseils de ses voix, et il y a en elle une force plus qu'humaine. »

On admirait comme la bergerette s'était transformée en guerrière.

C'était plaisir de la voir, revêtue de son armure blanche, montée sur un grand coursier noir, et tenant à la main sa bannière, ou bien une petite hache.

Elle chevauchait si gentiment et avait si crâne allure qu'on eût cru qu'elle n'avait fait que guerroyer toute sa vie.

Aucune fatigue ne lui coûtait. Elle passait des journées entières à cheval, sans manger ni boire.

Il lui arrivait de coucher en rase campagne. Elle dormait alors tout armée, serrée dans ses habits d'homme, et ayant près d'elle ses deux jeunes frères qu'elle avait fait venir à sa suite.

Elle était gaie avec les hommes d'armes et en même temps leur inspirait grand respect. Une atmosphère de pureté l'enveloppait. A sa vue, les plus dépravés sentaient s'évanouir les pensées mauvaises.

Il lui était insupportable qu'on vécût mal autour d'elle. Quand elle apercevait des ribaudes à la suite de l'armée, elle entrait en courroux. Un jour elle chassa l'une d'elles en la frappant du plat de son épée ; et elle la frappa avec tant de force que l'épée se brisa.

Par ses exhortations, Jeanne avait rendu les soldats du roi plus humains et moins pillards, au grand étonnement de La Hire qui disait : « Si Dieu se faisait homme d'armes, il serait pillard. »

Pendant la mêlée, elle allait intrépide au plus fort du danger, brandissant son étendard, poussant des cris de guerre, enflammant les autres à donner la mort, sans la donner elle-même.

Après le combat, elle pleurait comme un enfant devant les cadavres, et on la voyait soigner les ennemis blessés.

On eût dit que la France avait revêtu le corps de cette jeune fille.

Dans son cœur saignaient les plaies de tous ; dans son bras était la force de milliers de bras, et sa personne valait au roi une armée.

Et pourtant, aucune fierté en elle. Elle était simple, bonne, douce aux pauvres gens.

A Reims, Jeanne eut une joie qui lui remplit l'âme autant qu'aucune de ses victoires. Elle reçut la visite de son père et de son oncle.

Ah ! maintenant, son père lui pardonnait d'être

partie, et son oncle était tout fier de l'avoir aidée à partir.

Elle les embrassa en pleurant à chaudes larmes et s'entretint longuement avec eux.

Quand il fallut se séparer, elle voulut que son père apportât un peu de contentement aux bonnes gens de Domrémy, et elle obtint du roi qu'il exemptât d'impôts le village où elle était née.

Que ne pouvait-elle suivre son père et son oncle aux lieux de son enfance !

— « Je voudrais bien, disait-elle, laisser là les armes et m'en aller servir mes parents. Ma mère aurait si grande joie à me revoir ! »

Mais le roi et ses voix la retenaient.

Ainsi, tandis que les autres héros rêvent grande situation ou grande renommée, Jeanne ne voulait rien, sinon sauver et glorifier le royaume de France. Après cela, son rêve était d'aller vivre oubliée, dans sa chaumine, cousant et filant près de sa mère.

Comment la foule n'aurait-elle pas été ravie par cette merveille de simplicité, de pureté, de courage, d'humanité, de patriotisme ?

C'était une adoration.

Hommes et femmes s'empressaient pour lui baiser les mains et les vêtements. Les jeunes mères donnaient à leurs filles son nom béni. On portait des médailles à son effigie.

Jeanne, en qui le bon sens s'alliait à l'enthousiasme,

souriait de ces hommages populaires. Elle les trouvait messéants. Mais elle ne savait comment s'en défendre et n'osait rudoyer les braves gens qui y prenaient plaisir.

A des seigneurs qui se faisaient faire des bannières semblables à la sienne, elle disait : « Ma bannière n'a aucun pouvoir. Tout ce que je fais n'est qu'un humble ministère. »

A des hommes d'armes qui la félicitaient de savoir à l'avance si on vaincrait, elle répondait : « Je n'en suis pas plus assurée que vous. »

A de bonnes femmes qui lui présentaient des objets de dévotion, en la priant de les toucher, elle répliquait : « Touchez-les vous-mêmes, ils seront tout aussi bons. »

A des docteurs qui la mettaient en garde contre les séductions de cette espèce d'idolâtrie dont on l'environnait, elle répondait : « En vérité, je ne saurais m'en garder, si Dieu ne m'en gardait. »

De fait, il y avait là des séductions dangereuses.

A la longue, le succès et les ovations enthousiastes devaient enivrer cette jeune fille.

De plus en plus, elle était convaincue qu'une puissance supérieure s'incarnait en elle, et que, devant sa présence, tout devait céder.

— « Villes, ouvrez vos portes, disait-elle. Moi, la Pucelle, je vous l'ordonne, au nom de mon souverain seigneur. »

Délivrer la France des Anglais ne lui semblait plus que le commencement de son œuvre.

Elle rêvait d'aller en Terre Sainte, dans une croisade où le roi d'Angleterre et le duc de Bourgogne donneraient la main au roi de France.

Son naïf espoir se communiquait au bon peuple. Et une femme illustre de ce temps, Christine de Pisan, consacrant à Jeanne ses derniers vers, se faisait l'interprète de l'opinion commune :

— « Moi, Christine, disait-elle, qui, onze ans, ai pleuré enfermée dans un cloître, maintenant, pour la première fois, je me reprends à sourire.

» Enfin le soleil nous a lui, le printemps a reparu, et, dans ce pays si maltraité, tout se renouvelle.

» O Jeanne, honneur du sexe féminin, sois la bienvenue parmi nous. Tu nous combles de biens. Qui jamais te rendra assez grande récompense ?

» Tu n'es qu'au milieu de tes prouesses. Et, déjà, par-dessus tous les preux du passé, tu portes la couronne.

» Devant toi les Josué et les Gédéon, les Judith et les Débora ne sont rien. Il n'y a que Moïse qu'on puisse te comparer.

» Les Anglais campaient fièrement en France. Mais le sang de leurs victimes criait contre eux. Tu es venue vengeresse. Ou ils partiront jusqu'au dernier ; ou leurs cadavres couvriront nos sillons.

» Ta mission n'est pas seulement d'exterminer la gent anglaise. Exécutant œuvre plus haute, tu mettras la concorde dans la chrétienté ; tu feras taire les mécréants ; tu faucheras les Sarrasins.

» Par toi Charles sera mené dans la Terre Sainte. Il la conquerra. Et là tu mourras, ayant accompli le mandat de Dieu. »

Eux-mêmes, les familiers de Jeanne, l'encourageaient aux visées les plus hardies et abusaient de sa renommée.

Ainsi Pasquerel, son chapelain, écrivit aux Hussites une lettre où il lui faisait dire :

« Hérétiques, amendez-vous et faites acte de soumission.

» Sinon, moi la Pucelle, je viendrai vous visiter.

» Il faudra vous convertir ou mourir. »

A côté des amis de Jeanne qui l'entretenaient de pernicieuses chimères, il y avait des ennemis qui notaient ses moindres défaillances.

On lui reprochait d'incliner à la brutalité des gens de guerre, parce qu'elle se réjouissait d'avoir une épée, *propre*, disait-elle, *à donner de bonnes buffes et de bons torchons.*

Certains taxaient de vice son goût naturel pour l'élégance, et le plaisir qu'elle éprouvait à mettre de beaux costumes.

D'autres l'accusaient de vouloir prononcer sur les matières de foi, parce qu'elle aurait répondu à une lettre du comte d'Armagnac lui demandant lequel des trois papes d'alors était le vrai : « Je vous éclaircirai cela dès que les Anglais me laisseront du repos. »

La gloire croissante de Jeanne était comme un précipice où risquait de s'abîmer son idéale vertu.

Si elle eût longtemps vécu, elle n'aurait pu que déchoir.

Tôt ou tard les visions auraient menti. Dans les âmes éblouies le désenchantement serait venu, et l'héroïne, précipitée du ciel de ses rêves, aurait échoué misérablement sur le terre-à-terre des plates réalités.

La haine des Anglais la sauva de cette chute, et le martyre mit le sceau à sa gloire.

La Pucelle, si sympathique pendant ces années d'enfance où se mûrit sa vocation, si grande pendant cette année 1429 où s'accomplit sa glorification, deviendra sublime pendant les douze mois de sa passion. (1)

(1) Voir dans le Mois de Jeanne d'Arc le chapitre XII *Popularité de Jeanne*, et le chapitre XVII *Sainte Jeanne*.

XVII. — LA CAMPAGNE DE PARIS

La passion de la Pucelle eut son prélude mélancolique. Avant de tomber aux mains des Anglais, Jeanne traversa une période de neuf mois, toute pleine de tristesses et de désappointements.

Orléans délivré, l'Anglais battu, le roi sacré, ce n'était pas assez.

— « Jeanne, disaient les voix, tu dois recouvrer Paris et chasser l'étranger hors de toute France. »

— « A Paris ! » criait Jeanne, tandis que, de toutes parts, villes et châteaux faisaient leur soumission.

— « A Paris ! » répétaient les hommes d'armes.

Le roi ébranlé poussa vers Paris.

Sur le chemin, de bons Français accouraient en troupes joyeuses et faisaient entendre le vieux cri de joie populaire : « Noël ! Noël ! »

Témoin de cet enthousiasme, Jeanne se prit à dire : « O le bon peuple ! Puissé-je être assez heureuse pour finir mes jours et être inhumée en cette terre ! »

— « Jeanne, lui dit l'archevêque de Reims qui chevauchait à côté d'elle, où croyez-vous donc mourir ? »

— « Où il plaira à Dieu, répondit-elle. Je ne sais ni le lieu ni le temps. Plût à Dieu que je pusse retourner garder les troupeaux, près de ma sœur et de ma mère! »

Parlant ainsi, elle levait les yeux vers le ciel. Et ceux qui la virent en ce moment pensèrent plus que jamais qu'elle venait de la part de Dieu.

Cependant le duc de Bedfort, qui était le chef de l'invasion anglaise, redoublait d'activité et de vigilance. Il semblait être partout à la fois.

Il mit toutes les garnisons en état de défense, fit entrer à Paris un renfort de cinq mille hommes, et contint habilement les Parisiens.

Préoccupé de rendre courage à ses troupes, il s'avança hardiment vers l'armée française. Mais il choisit toujours ses postes avec tant d'adresse qu'il avait l'air d'offrir la bataille et que Charles VII ne pouvait l'attaquer.

Un moment, près du château de Nangis, les Français espérèrent en venir aux mains.

Jeanne était radieuse. Tous admiraient son maintien et l'art avec lequel elle ordonnait particulièrement la disposition des pièces d'artillerie. Elle avait le coup d'œil des grands capitaines.

Mais le duc de Bedfort resta dans ses retranchements où il aurait été téméraire d'aller le chercher ; puis rentra à Paris.

Sur ces entrefaites, eut lieu, entre Charles VII et le duc de Bourgogne, une trêve négociée par le favori La Trémouille, avec espérance de recouvrer Paris sans coup férir.

Tous ces retards impatientaient la Pucelle et trompaient l'attente commune.

Les habitants de Reims firent part à Jeanne de leur surprise.

Elle répondit ainsi à leur missive :

« Chers et bons amis, n'ayez nul doute sur la bonne querelle que je soutiens. Je ne vous abandonnerai point, tant que je vivrai.

» Il est vrai que le roi a consenti une trêve, quinze jours durant, avec le duc de Bourgogne qui le flatte de la paisible reddition de Paris.

» De trêves ainsi faites je ne suis point contente, et ne sais si je les tiendrai.

» Si je les tiens, ce sera seulement pour garder l'honneur du roi.

» Au surplus, j'aurai l'œil à ce que, l'heure venue, si on n'a la paix, on soit prêt à la guerre.

» Écrit le cinq août, en un champ, sur le chemin de Paris. »

Tandis que le duc de Bourgogne faisait des promesses de paix, le duc de Bedford adressait des défis à Charles VII, par l'intermédiaire d'un héraut.

Charles répondit au héraut : « Ton maître aura peu

de peine à me trouver. Il prétend me chercher. C'est bien plutôt moi qui le cherche. »

Bientôt après, les deux armées se trouvaient en présence, près de Crespy, dans le Valois.

Bedfort espérait que le roi provoqué viendrait l'attaquer dans ses lignes où il était fortement établi.

Mais, plus sages que jadis à Crécy et à Azincourt, les Français continrent leur impétuosité naturelle, et tout se borna à quelques mêlées d'avant-garde.

Bedfort se replia de nouveau vers Paris.

Peu après, emmenant de bons renforts, le duc tint de nouveau campagne.

En dérision de la Pucelle, les Anglais avaient fait fabriquer un étendard d'étoffe blanche à l'image du sien. Des bobines vides y remplaçaient les fleurs de lis. Au milieu était figurée une quenouille enroulée de lin, d'où pendait un fuseau. Tout autour se détachait en lettres d'or cette inscription : « *Or vienne la belle!* »

— « Jeanne est une porte-quenouille à qui nous donnerons du fil à retordre », disaient-ils.

Mais leur hardiesse se bornait aux paroles.

Le quinze août, le régent anglais et le roi de France se retrouvaient en face l'un de l'autre, non loin de Senlis.

De chaque côté, on attendait l'attaque, et, de chaque côté, on n'osait attaquer, vu la position de l'adversaire.

Les Français se décidèrent les premiers à marcher vers les Anglais.

Ceux-ci demeurèrent immobiles dans le poste redoutable où ils s'étaient barricadés.

Voyant qu'ils ne faisaient point mine de sortir, Jeanne, qui était de l'avant-garde, alla à leurs retranchements, et les frappa de sa bannière.

Les Anglais dédaignèrent ce défi. Ils se contentaient de repousser quiconque tentait l'assaut.

— « Rangez-vous, et combattons à conditions égales! » leur criait Jeanne.

Vains appels. Il n'y eut que des escarmouches, où on s'entre-tua sans merci ni miséricorde.

Après une nuit passée en rase campagne, les Français feignirent de se retirer, espérant que l'ennemi entreprendrait de les poursuivre.

Mais les Anglais ne profitèrent de ce mouvement que pour opérer une fois encore leur retraite vers Paris.

Cependant la trêve avec le duc de Bourgogne était à sa fin, et les ambassadeurs n'avaient apporté au roi que de bonnes paroles qui ne disaient rien.

Il semblait urgent d'aller sur la ville dont la possession assurerait la reddition de toutes les autres.

— « Marchons! » disait Jeanne.

Mais le roi préférait s'amuser à recevoir les messages de petites places comme Creil et Chantilly qui, à l'exemple de Beauvais et de Compiègne, faisaient leur soumission.

Jeanne ne prit plus conseil que de son courage.

— « Gentil seigneur, dit-elle au duc d'Alençon, faites

appareiller vos gens. Je veux aller voir Paris de plus près que je ne l'ai vu. »

Le 23 août, elle partait.

Les hommes d'armes suivirent. Le roi suivit.

XVIII. — JEANNE SOUS LES MURS DE PARIS

Cette fois, entraîné par la Pucelle, Charles VII alla jusque sous les murs de Paris.

L'avant-garde, où se trouvait Jeanne, s'établit à la Chapelle-Saint-Denis. Le reste de l'armée se répandit dans les villages voisins.

Aussitôt les Anglais de multiplier les barrières, d'entasser les pierres sur les murailles, de faire renouveler aux Parisiens le serment de fidélité.

— « Charles a juré, disaient-ils, que, s'il entrait à Paris, il occirait tous les habitants, grands et petits, et ferait passer la charrue sur la ville. » Et le peuple était tenu par la peur.

Au bout de huit jours, les soldats du roi marchèrent vers la porte Saint-Honoré et se rangèrent en bataille derrière la butte des Moulins.

On avait hésité à attaquer ce jour-là, parce que c'était la fête de la Nativité de Notre-Dame.

Mais Jeanne disait : « C'est le moment. Nous coucherons cette nuit à Paris. »

Et à ceux qui se scandalisaient de la profanation d'un

jour si saint, elle répondait : « Tous les jours sont bon pour vaincre l'ennemi. »

L'attaque s'engagea.

Au premier rang était Jeanne avec les plus brillants chevaliers.

Elle et ses compagnons mirent le feu à une barrière et passèrent un fossé. Mais il y en avait un second à franchir avant d'arriver aux murailles.

Il était large, profond et rempli d'eau.

Jeanne ne perdit pas courage. Elle allait de place en place, sondant avec un bâton où l'on pourrait risquer le passage.

— « Apportez des fagots ! Comblez le fossé ! Courons à l'assaut ! » s'écriait-elle bravement, sous une pluie de boulets et de flèches.

Du haut des remparts, les ennemis qui l'entendaient lui adressaient menaces et injures.

— « A mort la vachère ! à mort la sorcière ! à mort la ribaude ! » s'écriaient-ils.

Jeanne ne leur répondait que par ce cri :

— « Rendez la ville au roi de France ! »

Soudain, l'homme d'armes qui était à côté d'elle et qu'elle avait chargé de tenir son étendard, tomba à terre grièvement blessé.

Elle saisit l'étendard et continua à appeler les soldats à l'assaut. Rien ne l'arrêtait.

Mais voici qu'une flèche l'atteignit elle-même.

Blessée à la cuisse, elle s'affaissa sur le revers du tertre bordant le second fossé. Son sang coulait à flots.

— « Attaquez ! » s'écria-t-elle ; et elle ne voulait point que personne s'occupât d'elle.

— « Jeanne, lui dit quelqu'un pour la consoler, ce n'est pas du sang qui coule de votre blessure, c'est de la gloire. »

— « Attaquez ! » reprit-elle.

Cependant la nuit approchait. Il n'y avait plus d'espoir. Les soldats reçurent l'ordre de se retirer.

— « Ne vous retirez pas ! » criait Jeanne, se soulevant sur une main et faisant signe de l'autre.

— « Jeanne, il faut partir, » lui dit-on.

Sourde à toutes les remontrances, elle voulait rester près du fossé.

On ne l'emmena qu'à grand'peine. Il fallut que le sire de Gaucourt employât la force.

— « Si nous eussions persévéré, Paris serait à nous, » répétait-elle. Et son désespoir était profond.

Le lendemain, Jeanne se leva de grand matin, et, allant trouver le duc d'Alençon, elle lui dit :

— « Faites sonner les trompettes ! Montez à cheval ! Retournons sur Paris. Il faut l'avoir. »

Le duc ne demandait pas mieux. Mais ordre vint, de la part du roi, de renoncer à l'entreprise.

Charles redoutait un nouvel échec comme celui de la veille, où il avait perdu plusieurs centaines d'hommes.

Il écoutait ses favoris, le seigneur de La Trémouille

et l'archevêque de Reims, qui, jaloux de Jeanne, voulaient que le roi dût la recouvrance de Paris à leurs négociations avec le duc de Bourgogne.

Les capitaines obéirent, et Jeanne dut céder.

Mais elle avait l'âme mortellement triste.

— « Que n'ai-je été tuée sous les murs de Paris ! » s'écriait-elle. Et elle couvait d'un regard humide de larmes les hautes tours de la grande cité.

Dans son chagrin, Jeanne s'en vint à l'abbaye de Saint-Denis déposer ses armes devant les reliques du saint dont le nom était le cri de la France sur les champs de bataille.

Elle savait que des seigneurs murmuraient contre elle parce que tout n'avait pas réussi selon ses promesses; elle se sentait mal voulue par les conseillers de Charles VII, et elle songeait à ne plus suivre l'armée.

Mais on s'employa si bien à la consoler et elle avait le cœur si bon qu'elle se décida à ne pas quitter le roi.

XIX. — SUCCÈS DE JEANNE A SAINT-PIERRE-LE-MOUSTIER

Toujours infatigable, Jeanne avait soif d'action.

Pendant de longs jours, Charles l'enchaîna à un cruel repos.

Il s'obstinait à n'être que le roi de Bourges et se dérobait à l'impulsion de l'héroïne, qui voulait le faire roi de France.

Enfin les hostilités reprirent.

Au mois de novembre, Jeanne fut chargée d'aller faire le siège de Saint-Pierre-le-Moustier, sur le bord de la Loire.

Elle y alla en compagnie de quelques seigneurs et d'une petite armée.

Dès le commencement du siège, la Pucelle se jeta au plus fort du péril.

Les Anglais résistaient vaillamment.

Autour de Jeanne, on lâcha pied, et elle se trouva seule, avec quelques hommes d'armes, devant les murailles de la place.

Sans regarder le nombre, Jeanne tenait ferme.

— « Jeanne, lui dit son écuyer, que ne vous retirez-vous? Vous êtes seule. »

— « Non, s'écria-t-elle en ôtant son casque et en tournant vers les fuyards son visage illuminé d'enthousiasme. J'ai encore dans ma compagnie cinquante mille de mes gens. »

Les hommes d'armes se demandèrent s'il n'y avait pas là une armée invisible qu'elle seule voyait.

— « Je ne partirai pas d'ici que la ville ne soit prise, ajouta Jeanne. A l'œuvre tous! aux fagots! aux fascines! Faisons-nous un pont sur le fossé. »

Tout le monde accourut. Le pont fut fait; l'assaut poursuivi; la ville prise.

XX. — ÉCHEC DE JEANNE A LA CHARITÉ.

De là, on alla à la Charité, ville très bien approvisionnée, où l'ennemi était fortement établi.

Les assiégeants manquaient de munitions.

Jeanne, pour s'en procurer, s'adressa à diverses villes et particulièrement aux habitants de Riom.

— « Chers et bons amis, leur disait-elle, vous savez comment la ville de Saint-Pierre-le-Moustier a été prise d'assaut.

» Avec l'aide de Dieu, je compte faire vider les autres places qui sont contraires au roi.

» Mais, ayant fait grande dépense de poudre, flèches et autres matériaux de guerre devant ladite ville, nous nous trouvons dépourvus, les seigneurs et moi, pour faire maintenant le siège de la Charité.

» Je vous en prie, étant amis du bien et de l'honneur du roi, veuillez nous aider, dans le présent siège, par l'envoi de poudre, salpêtre, soufre, traits, arbalètes et habillements de guerre.

» Gardez que la chose ne soit longue. Il ne faut pas qu'on puisse vous dire refusants ou négligents. »

Jeanne et les siens demeurèrent un mois devant la Charité.

De rudes assauts furent tentés. Toujours en vain.

La ville était merveilleusement bien défendue.

Mal secourus et battus, on dut lever le siège, au grand déplaisir de Jeanne.

A la cour, tout le monde fit gracieux accueil à la Pucelle.

— « Jeanne, vous êtes admirable de bon vouloir et de hardi courage, » lui disaient les seigneurs.

— « Jeanne, lui dit le roi, je vous anoblis, vous et tous ceux de votre race, femmes aussi bien qu'hommes, en considération de vos louables services. »

Mais les honneurs n'ôtaient pas à Jeanne le poids lourd qu'elle avait sur le cœur depuis qu'elle avait essuyé des échecs devant les Anglais.

Pour récompense des services rendus, elle ne demandait qu'à en rendre de nouveaux.

Malheureusement, au lieu de guerroyer, on parlementait.

Les négociateurs cherchaient la paix au bout de leur plume.

— « Vous ne la trouverez qu'au bout de la lance, » leur disait Jeanne.

XXI. — RÉVEIL VICTORIEUX DE JEANNE

Tandis que le roi demeurait inactif, les Anglais et leurs partisans s'agitaient dans les places nouvellement soumises.

L'une de celles-ci, Reims, fit part de ses craintes à Jeanne.

Jeanne répondit le 16 mars 1430 :

« Ne craignez.

» Vous n'aurez pas de siège si je rencontre l'ennemi.

» Si je ne le rencontre, fermez vos portes.

» Les Anglais venant, je serai vite là, et je leur ferai chausser leurs éperons en telle hâte qu'ils ne sauront par où les prendre. »

Le 28 mars, Jeanne rassurait encore les habitants de Reims :

« Mes chers amis, leur disait-elle, ayez confiance au roi; gardez bien votre cité, et faites bon guet. Vous ouïrez bientôt de mes nouvelles. »

Quelques jours après, lasse de faire figure parmi des oisifs, Jeanne quittait la cour sans rien dire.

Elle se rendit à Lagny-sur-Marne, parce que les Français y faisaient bonne guerre aux Anglais.

Là, son premier coup fut un coup de maître.

Elle attaqua un homme aussi vaillant que cruel, terreur de la contrée, le Bourguignon Franquet d'Arras.

Franquet, avec ses redoutables archers, s'était retranché fortement.

Jeanne et les siens furent deux fois repoussés, et deux fois revinrent assaillir la troupe ennemie. A la fin, ils firent si bien, que Franquet fut forcé derrière son rempart.

Dans la lutte, Jeanne avait vaillamment conquis sur un Bourguignon une bonne épée qu'elle garda.

Les cadavres des compagnons de Franquet jonchaient la terre. Lui-même était fait prisonnier.

Les habitants de Lagny pressèrent Jeanne de leur livrer ce terrible gentilhomme, pour qu'il subît la peine de ses meurtres et rapines.

Jeanne refusa. Elle voulait garder Franquet et l'échanger contre un brave Parisien que l'ennemi retenait en prison.

Les juges de Lagny insistèrent.

— « Ce serait faire injure à justice que de délivrer un tel scélérat, » disaient-ils.

— « Prenez-le donc, répondit Jeanne, et faites de lui ce que justice voudra. »

Franquet fut jugé, condamné et décapité.

XXII. — JEANNE A COMPIÈGNE

Cependant l'habile Bedfort ne perdait aucune occa sion de relever les affaires des Anglais.

Il s'occupa de faire venir le jeune roi d'Angleterre et de préparer son couronnement dans la capitale de la France.

Mais ce sacre de Henri à Paris, qui fût retardé, ne devait être qu'une froide parodie du sacre de Charles à Reims.

Bedfort tira plus grand profit de l'aide du duc de Bourgogne dont il sut vaincre les hésitations et rendre le concours sérieux.

Le duc de Bourgogne se disposa à faire le siège de Compiègne.

Avant qu'il se fût établi devant la place, Jeanne y alla à deux reprises et donna du cœur aux habitants.

On la voyait courir dans les diverses villes pour réchauffer le zèle des amis du roi.

Le soir du 23 mai, Jeanne était à Crespy, lorsque

arriva la nouvelle que le siège de Compiègne venait de commencer.

— « Je dois secours à cette cité si bonne française, » s'écria Jeanne.

— « N'allez pas là. Ce serait trop vous exposer. »

— « Où est le péril, là est ma place. A moi mes gens! »

A minuit, Jeanne avait réuni environ trois cents combattants.

— « Avec si peu de monde, lui dit-on, vous ne pourrez traverser le camp des ennemis. »

— « Nous sommes assez, répondit-elle. Par mon martin-bâton, je verrai tout à l'heure mes bons amis de Compiègne. »

Au soleil levant, la Pucelle entrait dans la ville.

Le jour même, 24 mai, Jeanne voulut attaquer l'ennemi.

Vers cinq heures du soir, elle fit une sortie à la tête de cinq cents hommes.

Assaillie à l'improviste, l'avant-garde des Bourguignons ne put se maintenir.

Elle lâchait pied quand des secours arrivèrent.

L'alarme s'était répandue parmi les assiégeants, et ils accouraient en masse de leurs divers quartiers.

Débordés, les Français durent reculer.

Jeanne ne voulait pas fuir. Par deux fois, elle ramena ses gens sur les ennemis qui reculèrent à leur tour.

Pourtant la multitude des Bourguignons grossissait. Ils eurent encore le dessus.

La Pucelle ne perdait pas courage.

— « Jeanne, lui dit son écuyer, vous voyez bien que les ennemis sont trop nombreux. »

— « Taisez-vous, lui répondit-elle. Il ne tiendra qu'à nous qu'ils ne soient déconfits. Ne songez qu'à frapper ! »

On ne l'écouta point. On ne comptait pas assez sur le concours de l'artillerie. On avait peur d'être coupé.

— « Regagnons Compiègne, ou nous sommes perdus ! » s'écriaient des voies confuses. Et les hommes d'armes fuyaient, sourds à l'appel de Jeanne.

Ceux qui étaient près d'elle prirent la bride de son cheval. Force lui fut de les suivre.

Elle marchait la dernière, commandant qu'on fît la retraite en bon ordre et soutenant le choc de l'ennemi.

Mais elle eut beau faire. La retraite était devenue une débandade.

On avait fui par crainte d'être coupé, et cette crainte fit qu'on le fût en effet.

Les Anglais accouraient aider les Bourguignons.

Le gouverneur Flavy, prévoyant ce mouvement, avait pris ses dispositions pour les décimer au passage.

Mais l'arrivée des fuyards l'empêcha d'utiliser son artillerie. Amis et ennemis auraient été criblés indistinctement.

Bientôt il y eut, près du pont, à l'entrée duboulevard, un effrayant pêle-mêle.

Les ennemis poussaient le flot des fugitifs, l'épée dans les reins.

Déjà ils allaient pénétrer à leur suite.

Le sire de Flavy fit lever le pont et fermer la porte.

Pendant ce temps, Jeanne et ses meilleurs compagnons reculaient lentement, en combattant.

La plupart des fantassins de sa troupe avaient cherché refuge sur des bateaux rangés le long de la rivière pour couvrir la retraite. Il ne restait près d'elle que son écuyer et quelques vaillants chevaliers.

Son costume la désignait aux assaillants. Ils se mirent à la presser de tous côtés.

Comment leur échapper? Le pont était levé, et elle ne pouvait gagner les bateaux.

D'un geste désespéré elle se mit à agiter sa bannière.

Mais déjà elle était acculée, entourée, saisie, tirée à bas de son cheval.

Cinq ou six hommes d'armes s'étaient jetés sur elle.

— « Rendez-vous ! Donnez-moi votre foi ! » lui criait chacun d'eux.

— « J'ai juré ma foi à un autre que vous et je lui tiendrai mon serment, » répondit Jeanne.

En ce moment, les cloches de la ville sonnèrent à toute volée pour appeler les guerriers au secours de Jeanne, que le peuple n'avait pas vu rentrer.

Trop tard. Jeanne était prise.

Ce ne fut que tristesse et lamentations à Compiègne quand le terrible malheur fut connu.

Comme c'est l'habitude dans les grandes catastrophes, on parla de trahison.

Le peuple disait que les seigneurs, jaloux de la renommée de Jeanne, avaient tramé sa perte, et il accusait particulièrement le gouverneur Flavy de l'avoir vendue.

En même temps, on se racontait que Jeanne avait eu le pressentiment de son malheur.

En avril, ses voix lui avaient dit : « Jeanne, tu seras » prise avant la Saint-Jean. Il faut qu'il soit ainsi fait. » Ne t'étonne point. Prends tout en gré. Dieu t'ai- » dera. »

Tourmentée de tristes pensées, Jeanne répétait souvent à son chapelain : « S'il faut que je meure bientôt, dites de ma part au roi, mon seigneur, qu'il fonde des chapelles où l'on prie pour le salut de ceux qui seront morts pour la défense du royaume. »

Durant son second séjour à Compiègne, Jeanne était allée un soir à l'église. Elle avait l'âme pleine d'angoisses et priait.

Après être restée longtemps à genoux, elle se leva et s'appuya tristement près d'un pilier.

A cette heure les cloches tintaient lentement pour annoncer la prière du soir, et les ombres descendaient dans la nef mystérieuse.

De pauvres gens et plusieurs enfants étaient là qui avaient les yeux sur Jeanne.

Jeanne pleurait à chaudes larmes.

La voyant pleurer, on l'entoura avec grande compassion.

Elle regarda doucement tout ce monde, et dit :

— « Bons amis et chers enfants, sachez qu'on m'a vendue et trahie. Bientôt je serai livrée à la mort. Priez Dieu pour moi, je vous supplie ; car je ne pourrai plus servir le roi ni le royaume de France. »

LIVRE TROISIÈME

LA MARTYRE

« A mesure que la mort approche, ce qui
» m'enflamma et me fut sacré m'apparaît de
» plus en plus réel. Un souffle m'élève peu à
» peu dans des régions qui brillent d'une
» éternelle aurore... Je n'ai pas combattu
» pour les biens de la terre. Ce qu'il y a de
» plus saint, voilà ce que j'ai défendu... Dieu,
» je remets ma vie entre tes mains. Tu peux
» la reprendre ; tu l'as donnée. »

KOERNER.

LIVRE TROISIÈME

LA MARTYRE

I. — JEANNE PRISONNIÈRE

Une éclatante victoire n'aurait pas causé aux ennemis si grande joie que la prise de Jeanne.

On s'empressait pour la voir.

Les Bourguignons exultaient de contentement autant que s'ils eussent pris une armée.

Les Anglais, au lendemain de leurs triomphes de Poitiers et d'Azincourt, avaient manifesté moins de satisfaction qu'ils n'en témoignèrent en voyant Jeanne captive.

Leur orgueil souffrait de ce qu'elle était tombée en d'autres mains que les leurs. Mais enfin on la tenait. « *Ils ne l'auraient donnée pour Londres.* »

Des messagers furent envoyés dans toutes les villes bourguignonnes et anglaises pour annoncer la grande nouvelle.

A Paris, le duc de Bedfort fit allumer des feux de joie et prescrivit aux prêtres de chanter solennellement l'hymne d'actions de grâces.

C'était l'opinion commune, parmi les Anglais, que la présence de Jeanne avait rendu stériles tous leurs efforts.

Plusieurs d'entre eux déclaraient que, dès qu'ils apercevaient son étendard, ils perdaient force et courage et ne pouvaient plus bander leurs arcs ni manier leurs lances.

Des capitaines et des soldats enrôlés désertaient le drapeau par crainte des enchantements de la Pucelle.

— « Enfin, nous tenons ce limier de Satan, dit Bedfort en parlant de la pauvre fille. La victoire nous redeviendra fidèle. »

Tandis que l'ennemi était dans l'allégresse, les bons Français avaient le deuil au cœur.

A Orléans, à Blois, on ordonna des prières publiques pour la délivrance de la Pucelle.

A Tours, tous les habitants, pieds nus et têtes découvertes, firent une procession autour de la ville en chantant le psaume : « *Ayez pitié de nous, Seigneur!* »

— « Ah! disaient les pauvres gens, comment a-t-on pu laisser prendre celle qui était le support des faibles et le salut du pays? Il y a un an, elle délivrait Orléans ; et maintenant elle est aux mains de l'ennemi. »

Mais le roi? quel chagrin témoigna-t-il? quels efforts fit-il pour sauver celle qui avait sauvé son royaume?

Pas de trace d'aucune négociation, d'aucune offre de rançon, d'aucun fait d'armes tenté pour délivrer la libératrice.

L'archevêque de Reims et le favori La Trémouille avaient cultivé en Charles VII la plus monstrueuse ingratitude dont l'histoire présente l'exemple.

C'est seulement dix-huit ans après le supplice de Jeanne, qu'il voulut bien montrer un peu de mémoire.

Accusé d'avoir employé une créature du diable, il organisa alors une vaste enquête judiciaire pour la réhabilitation de celle que les Anglais avaient voulu flétrir, et qu'il avait laissée périr.

II. — JEANNE DANS LES DONJONS DU SIRE DE LUXEMBOURG

Jeanne était prisonnière du sire de Luxembourg, chef bourguignon commandant le siège de Compiègne.

Elle fut conduite, sous bonne escorte, au château de Beaulieu, près de Noyon.

— « Ta captivité ne sera que passagère, » lui disaient ses voix. Et elle épiait les moyens de s'évader.

Un jour, se frayant un passage entre deux pièces de bois, Jeanne parvint à sortir de la tour où on la tenait.

Elle s'apprêtait à y enfermer ses gardiens pour assurer sa fuite, lorsque le concierge du château l'aperçut et la saisit.

Jeanne se laissa doucement ramener, disant : « Je vois qu'il ne plaît pas à Dieu que j'échappe aujourd'hui. »

Peu après, en août, le sire de Luxembourg fit transférer Jeanne à Beaurevoir, près de Cambrai.

Il avait là un second château plus sûr que le premier et moins rapproché du théâtre de la guerre.

A Beaurevoir, Jeanne fut gardée très sévèrement ;

mais elle trouva grande consolation dans les douces prévenances dont l'entourèrent la femme et la tante du sire de Luxembourg.

Ces dames venaient chaque jour lui faire visite au donjon où elle était enfermée, et, plus elles la voyaient, plus elles l'aimaient.

Une seule chose les offusquait, c'était que Jeanne ne portât pas les vêtements de son sexe.

A plusieurs reprises, elles lui offrirent des habits de femme et la pressèrent de s'en revêtir.

Jeanne refusa toujours. Elle voulait garder le costume guerrier sous lequel elle avait accompli de si grandes choses.

— « Il m'en coûte de ne pas vous obéir, tant vous m'êtes bonnes, disait-elle aux deux châtelaines. Si je devais reprendre l'habit de femme, je le ferais à votre requête, plutôt qu'à celle d'autres dames qui fussent en France, la reine exceptée. »

Jeanne avait tout à craindre pour elle-même. Mais elle ne pensait pas à sa personne; elle pensait à cette bonne cité de Compiègne qu'elle ne pouvait plus secourir.

Les dames du château avaient aussi toute leur pensée à Compiègne, mais pour un intérêt différent.

Jeanne s'inquiétait des assiégés. Elles s'inquiétaient des assiégeants et du sire de Luxembourg.

Quand les nouvelles tardaient, c'était grandes angoisses de part et d'autre.

Un jour, on vint apprendre à Jeanne que la ville était

à la veille d'être prise et que tous les habitants, depuis l'âge de sept ans, devaient être passés au fil de l'épée.

Elle ne put tenir davantage.

Depuis longtemps elle était tourmentée du désir de sauter du haut de la tour, malgré ses voix qui lui disaient de prendre patience.

Devant la terrible nouvelle, ses hésitations cessèrent.

— « Non, s'écria-t-elle, Dieu ne laissera pas mourir sans mon secours ces bonnes gens de Compiègne si loyaux à leur seigneur. »

Et, se recommandant à Dieu, elle sauta.

On la trouva presque morte au pied de la tour.

De prompts secours lui furent donnés, et les deux châtelaines s'appliquèrent de bon cœur à la réconforter.

Au bout de deux jours seulement, Jeanne put manger. Peu à peu les forces lui revinrent.

Il lui semblait entendre sainte Catherine lui disant de *reprendre courage* et de *crier merci à Dieu*. Ce qu'elle fit.

A peine rétablie, au commencement de novembre, Jeanne fut conduite à Arras et de là au château du Crotoy où elle allait être abandonnée aux Anglais.

Le donjon du Crotoy était une gigantesque masse de pierres, s'élevant à l'embouchure de la Somme, tout près du petit bras de mer qui sépare la France de l'Angleterre.

De sa prison, à travers les barreaux d'une étroite fenêtre, Jeanne contemplait les flots et interrogeait au loin l'horizon.

— « Là-bas, se disait-elle, est la terre ennemie. Que ne puis-je y aller délivrer les Français qui y sont prisonniers! »

De nobles dames d'Abbeville obtinrent la permission de venir lui faire visite.

Comme toutes les femmes, elles aimaient et admiraient Jeanne.

La Pucelle remerciait avec tendresse ses visiteuses; et, les voyant pleurer, elle ne pouvait s'empêcher de pleurer.

Quand elles partaient, elle leur répétait : « A Dieu, à Dieu; » et les baisait bien amiablement.

— « Ah! disaient les nobles dames, quel malheur qu'une si généreuse Française soit au pouvoir des Anglais! »

III. — JEANNE VENDUE AUX ANGLAIS

Jeanne, prisonnière des Bourguignons, fut livrée aux Anglais par un marché que négocièrent des hommes d'église.

Les préliminaires de ce marché datent des premiers jours de sa captivité.

Il y avait à peine quarante-huit heures que la Pucelle était prise lorsque frère Martin, vicaire général de l'inquisition de la foi au royaume de France, écrivit au duc de Bourgogne :

« Usant de l'autorité à nous commise par le saint-siège de Rome, et agissant en faveur de la foi catholique, nous requérons que Jeanne la Pucelle, véhémentement soupçonnée de plusieurs crimes sentant l'hérésie, soit amenée prisonnière par devers nous. »

Une lettre de l'Université de Paris appuyait cette mise en demeure.

Le duc de Bourgogne ne s'arrêta point à l'injonction de l'inquisiteur et des théologiens.

Alors intervint un nouveau personnage, Pierre Cauchon, évêque de Beauvais, qui, partisan des Anglais, avait quitté cette ville quand elle se rendit à Charles VII.

La Pucelle ayant été prise sur le territoire du diocèse de Beauvais, l'évêque revendiqua un droit égal à celui du frère inquisiteur, et demanda à juger Jeanne concurremment avec lui.

Sa requête fut approuvée, et par l'Université de Paris dont il était l'ancien recteur, et par le conseil du roi d'Angleterre dont il se faisait la créature.

Le 16 juillet, l'évêque, accompagné de quelques gens d'Église, se présenta à Philippe de Bourgogne et à Jean de Luxembourg, en leur camp, près de Compiègne.

— « Au nom du roi d'Angleterre, au nom de l'Université de Paris et en mon propre nom, leur dit-il, moi, évêque de Beauvais, je viens vous demander d'abandonner votre captive au jugement du tribunal ecclésiastique. »

En même temps, le prélat remit aux deux seigneurs des lettres du roi et de l'Université.

L'Université disait :

« Nous craignons beaucoup que, par la malice de l'ennemi d'enfer et par la subtilité de nos adversaires, cette fille ne soit mise hors de votre puissance. Or, au jugement de tout bon catholique, jamais il ne serait advenu si grande lésion de la sainte foi que si Jeanne échappait sans punition convenable. »

Les deux seigneurs n'eurent pas l'air de se soucier beaucoup des lésions de la sainte foi.

La réquisition du roi leur fit plus grand effet que

les instances des théologiens. Néanmoins, tout en témoignant de leur déférence pour le roi d'Angleterre, ils persistèrent dans leur refus.

L'évêque Cauchon était un homme pratique. Il savait quels sont les arguments les plus convaincants auprès des personnes de son espèce, et il finit par y recourir.

Déliant les cordons de la bourse, il dit :

« Quoique cette femme qu'on nomme Jeanne la Pucelle ne doive pas être regardée comme prisonnière de guerre, néanmoins, pour la rémunération de ceux qui l'ont prise et détenue, le roi est disposé à donner libéralement trente-sept mille francs. »

Trente-sept mille francs, c'était quelque chose; ce n'était pas assez pour les nobles seigneurs.

L'évêque le comprit. Il éleva son offre à soixante et un mille francs.

Le sire de Luxembourg voulut bien à ce prix sauver la religion, en perdant la Pucelle.

— « Au nom de l'honneur et de l'humanité, ne faites pas cela ! » s'écria la tante du sire de Luxembourg. Et, les yeux en pleurs, les mains jointes, elle se jeta aux pieds de son neveu.

— « Je le ferai, répondit-il, à moins que monseigneur le duc de Bourgogne ne s'y oppose. »

Après des hésitations, le duc de Bourgogne finit par donner son consentement.

Les soixante et un mille francs étaient tout trouvés

grâce au soin qu'avait eu le duc de Bedfort de prélever sur les habitants de la Normandie une somme de quatre cent quatre vingt-neuf mille francs.

On prit là-dessus le prix de vente stipulé.

Ainsi, ce fut par l'intermédiaire de prêtres français et avec l'argent français, que les Anglais achetèrent le sang de la libératrice des Français.

A côté du cardinal Winchester, le grand promoteur de ce marché fut le duc de Bedfort, qui jouait avec les théologiens comme avec des pantins, qui faisait espérer à l'évêque Cauchon l'archevêché de Rouen pour prix de son infamie, et qui voulait faire déshonorer Jeanne avant de la faire mourir.

Étant Français, je laisse ici la parole à d'autres. Voici comment un Anglais juge la conduite de cet Anglais :

« Œuvre de vengeance ou œuvre de politique, dit » le célèbre David Hume dans l'*Histoire d'Angle-* » *terre,* l'action du duc de Bedfort achetant Jeanne » et lui faisant faire un procès, fut également barbare » et déshonorante.

» Il n'y avait aucune raison plausible pour que Jeanne » ne fût pas regardée comme prisonnière de guerre, et » n'eût pas droit, comme telle, à tous les bons traite- » ments que les nations civilisées ont en pareil cas pour » leurs ennemis.

» Elle n'avait jamais, dans le cours de ses campagnes, » mérité par aucun acte de mauvaise foi ou de cruauté

» d'être privée de ces égards. On ne pouvait lui repro-» cher de crime dans la vie civile ; elle avait même » toujours pratiqué avec rigidité toutes les vertus et » observé les bienséances convenables à son sexe.

» Il est vrai que sa hardiesse à se montrer au milieu » des armées et à les conduire au combat peut paraître » une atteinte à ces bienséances. (*Shocking ?* Brave » David !) Mais elle avait rendu par là de si grands » services à son roi, que cette irrégularité en était bien » compensée et devenait même un sujet d'éloges et » d'admiration.

» Dès lors, il fallut que le duc de Bedfort intéressât » la religion dans cette affaire et couvrît de son voile » *la violation la plus criante de la justice et de l'hu-» manité.*

» Cette héroïne, digne de vénération, à qui la super-» stition plus généreuse des anciens aurait élevé des au-» tels, devait, sous le prétexte d'hérésie et de magie, » être livrée vivante aux flammes, et expier par un » supplice horrible les services signalés qu'elle avait » rendus à son prince et à sa patrie. »

IV. — JEANNE DANS LES PRISONS DE ROUEN

Jeanne avait dit souvent : « J'aimerais mieux mourir que d'être entre les mains des Anglais. » Et voici qu'elle était entre leurs mains.

L'Université de Paris félicita chaudement le roi d'Angleterre, dès le 21 novembre.

Elle ajoutait :

« Nous vous supplions d'ordonner que le procès de cette ennemie de la foi ait lieu à Paris. Il s'y fera avec plus d'éclat qu'en toute autre ville, vu le grand nombre de notables théologiens qui s'y trouvent. »

Mais les Anglais ne se sentaient pas assez les maîtres dans Paris. Ils optèrent pour Rouen, où étaient principalement concentrées leurs forces.

Jeanne fut donc conduite à Rouen, sous bonne escorte, en décembre.

— « Il faut la mettre dans un sac et la jeter dans la Seine, » disaient plusieurs Anglais.

— « Non, répliquaient les autres. Il faut d'abord faire prononcer en justice que son œuvre a été une œuvre d'enfer. »

On voulait absolument que Jeanne fût diffamée.

A Paris, une pauvre femme fut brûlée pour avoir osé avancer que Jeanne était bonne et avait agi selon Dieu.

En attendant la formation d'un tribunal qui déciderait qu'elle avait agi selon le diable, la Pucelle fut enchaînée dans une cage de fer, où elle était tenue par le cou, par les pieds et par les mains.

Plus tard, lorsque le procès fut sur le point de commencer, on tira Jeanne de la cage et on l'enferma dans une tour du château.

Là elle avait les fers aux pieds et était liée par une chaîne à une grosse pièce de bois.

Nuit et jour, stationnaient à côté d'elle quatre ou cinq soldats, dits *houspilleurs*, qui la fatiguaient de leurs insolences de corps de garde.

Un jour, Jeanne reçut dans sa prison la visite de l'homme qui l'avait vendue, Jean de Luxembourg.

Deux seigneurs anglais l'accompagnaient, le comte de Warwick, gouverneur de Rouen, et le comte de Stafford.

— « Jeanne, dit le sire de Luxembourg en raillant, je viens pour vous mettre à rançon. »

— « Vous vous moquez de moi, répondit Jeanne, car je sais bien que vous n'avez ni le vouloir ni le pouvoir de faire ce que vous dites. »

— « Eh! eh! reprit le duc, la chose ne serait pas impossible si vous vouliez promettre de ne plus vous armer contre les Anglais. »

— « Ce serait promettre de mal faire, » répondit Jeanne.

— « Alors, prenez garde ! »

— « Je soupçonne bien que les Anglais me feront mourir, croyant après ma mort tout conquérir. Mais, fussent-ils cent mille goddem de plus, ils ne gagneront pas le royaume de France. »

A ces mots, Stafford, indigné, tira sa dague pour frapper Jeanne.

Warwick le retint.

— « Contenez-vous, lui dit-il. Nous l'aurons autrement. »

L'avis de Warwick était bien d'assassiner Jeanne, mais de l'assassiner légalement.

V. — LE TRIBUNAL ECCLÉSIASTIQUE

C'est à Rouen que se réunirent les hommes d'Église chargés d'instruire le procès de Jeanne.

Les uns étaient des moines ; les autres des prêtres. Il y avait plusieurs prieurs, plusieurs abbés et plusieurs prélats.

Tous étaient Français, hors un clerc.

Derrière eux, dans l'ombre, deux Anglais, l'archevêque de Winchester et le duc de Bedfort, dirigeaient tout.

Dès le 21 novembre, l'évêque Pierre Cauchon se faisait presser par l'Université de Paris d'avoir à hâter l'affaire.

— « Que Votre Paternité veuille bien montrer plus de zèle, lui disaient les théologiens.

» Songez combien il importe que vous, qui êtes revêtu d'une si grande dignité dans l'Église, vous supprimiez les scandales commis contre la religion chrétienne, surtout quand le soin d'en juger est de votre juridiction »

Il y eut cependant quelques retards.

Les chanoines de Rouen faisaient des difficultés pour

autoriser Cauchon a établir son siège de justice dans un diocèse qui n'était pas le sien.

Mais le cardinal de Winchester les rendit accommodants.

Le 3 janvier 1431, arrivèrent des lettres patentes où le Conseil du roi d'Angleterre faisait dire à Henri VI, encore enfant :

« Nous, roi d'Angleterre et de France, sur la demande de l'évêque de Beauvais et de l'Université de Paris, ordonnons que la femme qui se fait appeler la Pucelle soit livrée audit évêque, pour l'interroger et procéder contre elle, comme violatrice de la foi catholique. »

Il était ajouté :

« Nous nous réservons de reprendre l'accusée, si elle n'est point atteinte et convaincue des méfaits à elle imputés. »

Ainsi Jeanne n'était abandonnée à l'Église qu'autant que l'Église, en la condamnant, l'abandonnerait au bourreau.

On consentait à s'en remettre aux prêtres pour l'immolation de la victime; mais, dans aucun cas, on ne voulait lui faire grâce.

— « Un charme est attaché à la vie de cette femme, disaient les Anglais. Du fond de son cachot elle remporte encore des victoires. Tant qu'elle respirera, nous serons battus. » Et ils avaient soif de sa mort.

Le 9 janvier, Cauchon tint une consultation préliminaire avec quelques docteurs de Rouen.

— « N'y a-t-il pas lieu d'intenter à Jeanne un procès de magie? » leur demanda-t-il.

Tout examiné, ils répondirent :

« Mieux vaut s'en tenir à un procès d'hérésie ».

— « Va pour un procès d'hérésie, » dit l'évêque.

L'évêque s'adjoignit son vicaire, Jean d'Estivet.

D'Estivet était un prêtre à l'allure brutale et au langage grossier. La fonction de procureur général lui fut réservée.

A côté de l'évêque devait figurer « par respect pour le Saint-Siège qui a établi les inquisiteurs en vue de la correction des hérétiques » le moine qui, à Rouen, représentait l'inquisition.

Le vicaire inquisiteur fit d'abord des difficultés. Ayant pleins pouvoirs contre les hérétiques du diocèse de Rouen, il doutait de son droit d'intervenir dans un procès que Cauchon avait entrepris à raison de sa juridiction sur le diocèse de Beauvais. Il admettait au surplus que l'évêque commençat le procès, en le tenant au courant de tout, jusqu'au jour où l'inquisiteur général l'aurait fixé sur sa compétence.

Le 4 mars, frère Jean Graverent écrivit à son vicaire : « Nous, inquisiteur de France par délégation de l'autorité apostolique, vous donnons commission de procéder au jugement de la femme dite la Pucelle, espérant que tout votre effort tendra à la gloire de Dieu et à l'exaltation de la foi. »

En conséquence, à partir du 13 mars, Lemaître s'adjoignit officiellement à Cauchon comme juge.

Jugée par l'évêque et par le vicaire de l'inquisition, Jeanne devait être soumise à la procédure inquisitoriale.

Or, la procédure inquisitoriale permettait d'amener hypocritement l'accusée à être sa propre accusatrice.

Dans les réglements inquisitoriaux formulés par le dominicain Etienne de Belleville, au XIIIe siècle, il est dit:

« Que nul n'approche l'hérétique en sa prison, » hormis, de temps à autre, deux fidèles adroits qui » l'avertissent, avec précaution et comme s'ils avaient » compassion pour lui, de se garantir de la mort en » confessant ses erreurs. »

Cauchon décida un chanoine de Rouen, Nicolas Loyseleur, à s'introduire dans la prison de Jeanne en costume laïque et à se faire passer pour un prisonnier de son parti.

Une fois la confiance de Jeanne gagnée, Nicolas devait lui apprendre qu'il était prêtre et ainsi obtenir d'elle qu'elle complétât ses aveux dans le secret de la confession.

Grâce à un trou pratiqué à travers le mur, des secrétaires et des témoins apostés dans une chambre voisine prendraient note de tout.

Ainsi fut fait, comme l'avoua depuis un des secrétaires, le prêtre Manchon.

Dès le mois de février, arrivèrent de divers côtés les théologiens qui devaient servir d'assesseurs, interroger l'accusée et donner leur avis.

Les plus en vue venaient de l'Université de Paris, qui envoya, entre autres, cinq de ses anciens recteurs.

Tout ce monde fut grassement payé par les Anglais, à tant par séance.

Outre une rémunération fixe, les plus zélés recevaient des cadeaux.

Des seigneurs anglais s'étaient réservé de surveiller la besogne des doctes ecclésiastiques.

Au moindre relâchement, ils se plaignaient de ce que cette cléricaille ne gagnait pas son argent.

Il faut convenir que ces seigneurs étaient exigeants. En général les théologiens travaillaient de leur mieux.

La cupidité alléchait les uns ; l'ambition excitait les autres. Certains n'avaient qu'à écouter leur fanatisme. Plusieurs obéissaient à la peur. Tous, appartenant au parti anglais, étaient prévenus contre Jeanne, l'héroïne du parti français.

Il se rencontra néanmoins un docteur qui eut le courage de montrer de l'indépendance, Nicolas de Houppeville. Il osa dire :

— « L'évêque de Beauvais est suspect de partialité, étant l'ami des ennemis de la Pucelle.

» En outre, cet évêque n'a pas le droit de revenir sur un cas déjà jugé à Poitiers par son métropolitain, l'archevêque de Reims.

» Donc le présent procès est illégal. »

Cauchon, furieux, fit saisir ce contradicteur importun. On le mit en prison. Et peu s'en fallut qu'il ne fût jeté dans la Seine.

Nicolas de Houppeville avait opposé à l'évêque de Beauvais l'archevêque de Reims.

C'était à cet archevêque qu'il aurait appartenu d'intervenir lui-même, et d'écrire à l'évêque de Beauvais, son suffragant, d'avoir à ne pas passer outre.

C'était aux théologiens qui avaient jadis examiné Jeanne à Poitiers qu'il aurait appartenu de lui rendre un public témoignage.

Mais ces théologiens se turent, et l'archevêque aussi.

L'archevêque fit plus.

Dès que Jeanne fut aux mains des ennemis, il écrivit à son cher clergé et à ses chers fidèles du diocèse de Reims pour les inviter à ne pas en prendre souci.

Il leur racontait qu'un gardeur de brebis, venu des montagnes du Gévaudan, promettait de *faire ni plus ni moins* que ce qu'avait fait Jeanne.

Il ajoutait que Dieu avait permis la captivité de cette fille *parce qu'elle ne voulait croire aucun conseil et faisait tout à son plaisir.*

Ce prélat avait dit en son cœur : « Je n'ai pu faire de Jeanne ma créature. Libre aux Anglais d'en faire leur victime. »

VI. — LES INTERROGATOIRES

Le 21 février 1431, Jeanne comparut devant ses juges et on commença à l'interroger.

Les interrogatoires furent continués le 22, le 24 et le 27 février, le 1er et le 3 mars, au château de Rouen.

A la fin de la séance du 3 mars, l'évêque Cauchon déclara closes les grandes séances, où tous les assesseurs étaient convoqués.

— « Je vais, dit-il, charger des docteurs experts en droit divin et humain d'extraire ce qui est à recueillir dans les aveux de l'accusée.

» Puis, s'il convient de l'interroger plus amplement sur certains articles, je déléguerai quelques assesseurs à cet effet. »

Ainsi l'évêque se réservait de poursuivre l'instruction avec un petit nombre d'examinateurs choisis selon son gré.

Le 10 mars, les interrogatoires furent repris dans la prison et se continuèrent le 12, le 13, le 14, le 15 et le 17.

Les interrogatoires de la prison furent une répétition des interrogatoires publics, et les interrogatoires publics furent une répétition les uns des autres.

Dans toutes les séances, les juges revenaient sur les mêmes questions et les présentaient sous des formes différentes, pour embarrasser l'accusée.

On avait fait prendre des informations dans le pays de Jeanne, à Domrémy.

Mais toutes ces informations lui furent favorables. Aussi, les passa-t-on sous silence.

— « Dans la vie de cette jeune fille, disait un des commissaires envoyés, je n'ai rien trouvé que je n'eusse voulu trouver dans la vie de ma propre sœur. »

On espéra que Jeanne, laissée sans avocat et sans conseil, se perdrait elle-même.

Mais la simple fille, avec son bon sens et sa bonne foi, déjouait les pièges de ses interrogateurs.

Ils étaient là, alignés sur leurs bancs, tous ces doctes théologiens, faces sèches, regards obliques, cœurs froids.

A quelque distance d'eux se tenaient des officiers anglais qui venaient voir si le procès marchait bien et qui murmuraient à la moindre apparence de clémence.

Jeanne était isolée sur un petit banc.

Devant elle se dressait le siège élevé où trônait l'évêque de Beauvais.

Au-dessous de ce siège étaient assis les trois prêtres qui remplissaient les fonctions de secrétaires.

Souvent leurs comptes rendus étaient altérés pour les besoins de l'accusation.

Jeanne s'en plaignait doucement :

« Vous omettez beaucoup de choses que je dis, et vous m'en faites dire que je n'ai pas dites. Si vous continuez, je vous tirerai les oreilles. »

Mais il ne s'agissait pas de contenter Jeanne. Il s'agissait de contenter les Anglais.

Ceux-ci étaient furieux contre quiconque se montrait compatissant envers l'accusée.

Un dominicain, Pierre Isambard, fit un jour quelques signes à Jeanne pour la prémunir contre des questions captieuses qui lui étaient faites.

Le comte de Warwick, s'en étant aperçu, apostropha ainsi le moine :

— « Pourquoi ce matin soutenais-tu cette méchante? Par la morbleu, vilain, si je remarque encore que tu te mettes en peine d'elle et l'avertisses de son profit, je te ferai jeter en Seine. »

On voulait que personne n'assistât Jeanne, et qu'à force d'interpellations pressantes, compliquées, incohérentes, elle fût amenée à témoigner contre elle-même.

Les assesseurs l'interrogèrent tantôt en termes doucereux, tantôt en termes violents.

Jeanne répondait simplement et ne s'intimidait ni ne se fâchait.

Le spectacle était touchant.

D'un côté une cinquantaine de docteurs fouillant

dans les subtilités de leur dogme pour y trouver de quoi dresser un bûcher à la libératrice de leur pays.

De l'autre côté une enfant de dix-huit ans, ignorante, franche, et sans peur.

Souvent, dans leur zèle, les docteurs parlaient tous ensemble.

L'enfant souriait et leur disait : « Beaux seigneurs, faites l'un après l'autre. »

VII. — INTERROGATOIRES SUR LES DISPOSITIONS DE JEANNE

Quand elle comparut devant ses juges, Jeanne était toute pâle et chancelante.

— « Jeanne, comment vous portez-vous ? » lui dit l'évêque.

— « Comme vous voyez, » répondit Jeanne montrant ses fers.

— « Ma fille, reprit l'évêque, on vous a mis les fers parce que vous avez essayé naguère de vous échapper. »

— « Chercher le salut est chose licite à tout prisonnier. »

— « Voilà qui est mal parler, Jeanne. Si vous ne voulez être convaincue d'hérésie, défense vous est faite de rien tenter pour vous tirer de la prison à vous assignée. »

— « Je n'accepte point cette défense. Je n'ai donné ma foi à personne. J'ai voulu et voudrai toujours me tirer de vos prisons. Et vous, si vous étiez bien informés de moi, vous devriez vouloir que je fusse hors de vos mains. »

— « Pourquoi ? »

— « Parce que j'ai agi de par Dieu. — Je n'ai que faire ici. Laissez-moi à Dieu de qui je suis venue. »

— « Nous devons prononcer sur vous. »

— « Faites attention à ce que vous dites. Vous prenez là une grande charge. Tout le clergé de Rouen et de Paris ne saurait me condamner. »

— « Jeanne, le clergé de Rouen et de Paris a qualité pour m'assister ; et moi, l'évêque de Beauvais, je suis de droit votre juge. »

— « Vous vous faites mon juge, et vous êtes mon ennemi. »

— « Taisez-vous. Le roi d'Angleterre m'a ordonné de vous juger et je vous jugerai. »

Après une pause, l'évêque se radoucit, et dit :

— « Ma fille, au commencement de ces interrogatoires, il faut que je vous avertisse avec douceur et charité de dire la vérité entière sur tout ce qu'on vous demandera. Sinon, vous chargeriez votre conscience. »

Jeanne répondit :

— « Je ne sais encore sur quoi vous voulez m'interroger. Vous pourrez me demander telle chose dont je vous dirai la vérité, tandis que sur telle autre je ne vous répondrai pas. »

— « Sur vos visions, peut-être ? »

— « Oui. Vous me couperiez plutôt la tête. »

— « Sur tout le reste, jurez-vous de dire vrai ? »

— « Je vous dirai la vérité, tout comme si j'étais devant le pape de Rome. »

— « Ainsi vous révélerez tout ce que vous saurez relativement au présent procès? »

— « Je ne dirai rien autre que ce que je saurai; mais il se peut que je ne dise pas tout ce que je saurai. »

VIII. — INTERROGATOIRES SUR L'ENFANCE DE JEANNE

— « Votre âge ? »
— « Presque dix-neuf ans. »
— « Votre nom ? »
— « Jeannette dans mon village, et ailleurs Jeanne. »
— « Votre surnom ? »
— « Du surnom, je n'en sais rien. »
— « Votre religion ? »
— « Catholique. »
— « De qui avez-vous appris votre croyance ? »
— « De ma mère, qui m'a montré *Notre père*, *Je vous salue*, et *Je crois en Dieu*. »
— « Vous a-t-on enseigné un métier ? »
— « Ma mère m'a enseigné à filer et à coudre. Là-dessus je ne crains femme de Rouen. »
— « Étant enfant, détestiez-vous les gens du parti contraire au roi ? »
— « Je détestais les Anglais et les Bourguignons, alliés des Anglais. »
— « Y avait-il des Bourguignons dans votre village ? »

— « Je ne connaissais à Domrémy qu'un seul Bourguignon, et, s'il eût plu à Dieu qu'il eût la tête coupée, je m'en serais consolée. »

— « N'y avait-il pas un village voisin qui était pour les Bourguignons ? »

— « Oui, le village de Maxey-sur-Meuse. Ses habitants étaient toujours prêts à s'armer contre ceux de Domrémy. »

— « Avez-vous été du nombre des enfants de Domrémy qui allaient se battre avec ceux de Maxey ? »

— « Non. Mais je les vis souvent revenir blessés et tout saignants. »

— « Les voix vous ordonnaient-elles de haïr les Bourguignons ? »

— « Je les ai moins aimés depuis que j'ai compris quel mal ils faisaient au roi de France. »

— « Dès votre enfance, n'aviez-vous pas grande envie de leur nuire ? »

— « J'avais grande volonté et affection que le roi eût son royaume. »

— « Dans la campagne de Domrémy, êtes-vous allée souvent près de l'arbre des Fées ? »

— « Oui. »

— « L'arbre des Fées opérait-il des prodiges ? »

— « Je sais que bien des gens qui avaient la fièvre venaient visiter l'arbre des Fées et buvaient de l'eau à la fontaine voisine. Mais j'ignore s'ils guérissaient ou non. »

— « Les fées n'apparaissent-elles pas en ce lieu ? »

— « Je l'ai ouï dire par de vieilles gens. Même ma

marraine m'a dit les avoir vues danser en rond. Mais tout cela est-il vrai ? je ne sais. »

— « N'est-ce pas sous l'arbre des Fées que vous avez entendu vos voix ? »

— « Mes voix sont venues me visiter en cet endroit comme en bien d'autres. »

— « Croyez-vous les fées de mauvais esprits ? »

— « Je n'en sais rien. »

IX. — INTERROGATOIRES SUR LES VISIONS DE JEANNE

— « Quelle est l'apparition qui vint à vous à l'âge de treize ans? »

— « Saint Michel et ses anges. »

— « Vîtes-vous saint Michel et ses anges corporellement et réellement? »

— « Je les vis comme je vous vois. »

— « Quelle était la figure de saint Michel? »

— « Je ne saurais vous le dire. »

— « Était-il nu? »

— « Pensez-vous que Dieu n'ait pas de quoi le vêtir? »

— « Avait-il des cheveux? »

— « Pourquoi les aurait-on coupés? »

— « Qu'éprouvâtes-vous à la vue de saint Michel et de ses anges? »

— « Quand je les vis s'éloigner je pleurai, et j'aurais bien voulu qu'ils m'emmenassent avec eux. »

— « Lorsque saint Michel et ses anges apparaissaient, leur faisiez-vous la révérence? »

— « Oui, je m'agenouillais, et je baisais la terre où ils s'étaient arrêtés. »

— « Parlez-nous de leurs corps. »

— « Je n'en puis rien dire. Ce que je sais, c'est que leurs paroles sont bonnes et belles. »

— « Comment prononceraient-ils des paroles, puisqu'ils n'ont pas de membres ? »

— « Je m'en réfère à Dieu. »

— « Comment distinguez-vous si ce qui vous apparaît est homme ou femme ? »

— « A la voix. »

— « Quelles saintes se sont montrées à vous ? »

— « Sainte Marguerite et sainte Catherine. »

— « Comment les reconnaissiez-vous ? »

— « Elles se nommaient en venant à moi. »

— « Êtes-vous sûre que c'est bien sainte Catherine, sainte Marguerite, saint Michel et ses anges qui vous apparaissaient ? »

— « Je le crois, aussi fermement que je crois en Dieu. »

— « N'avez-vous pas fait dans les églises des offrandes aux saints qui vous apparaissaient, comme on en fait aux saints du paradis ? »

— « J'ai souvent mis des guirlandes et des couronnes devant les images de sainte Catherine et de sainte Marguerite. »

— « Adressiez-vous ces offrandes aux deux saintes qui sont au ciel, où à celles qui vous apparaissaient ? »

— « Je ne mets pas de différence entre celles qui se montrent à moi et celles qui sont au royaume du Paradis. »

— « Avant d'ajouter foi à vos voix, n'avez-vous consulté ni évêque, ni curé, ni autre personne appartenant à l'Église ? »

— « Non. »

— « Voilà qui est grave. Nous avons grand motif de suspecter vos visions, Jeanne. »

— « Si vous y voyez du mal, demandez copie du registre qui est à Poitiers. J'ai été interrogée, trois semaines durant, par les clercs de mon parti, qui n'ont trouvé dans mon fait que tout bien. »

— « Les voix ne vous ont-elles pas appelée fille de Dieu, fille de l'Église, fille au grand cœur ? »

— « Elles m'ont appelée Jeanne la Pucelle, fille de Dieu. »

— « Vos saintes parlent-elles anglais ? »

— « Comment parleraient-elles anglais, puisqu'elles ne sont pas du parti des Anglais ? »

— « Continuez-vous à les entendre depuis que vous êtes enfermée ? »

— « Oui ; mais les bruits de la prison et les noises des gardes m'empêchent quelquefois de bien les ouïr. Ah ! je les ouïrais bien mieux si j'étais en quelque forêt. »

— « Vous parlent-elles souvent ? »

— « Elles me parlent tous les jours et plusieurs fois par jour. Si elles ne me confortaient, je serais morte. »

— « Combien de fois vous ont-elles parlé hier ? »

— « Trois fois. »

— « Que vous ont-elles dit ? »

— « Elles m'ont dit : « Réponds hardiment ; fais bon visage ; Dieu t'aidera. »

— « Et encore ? »

— « Je ne puis tout dire. »

— « Que craignez-vous ? »

— « Je ne crains pas de vous déplaire, à vous. Mais je crains de déplaire à mes voix. »

— « On déplaît donc à Dieu en disant des choses vraies ? »

— « Oui, si on les dit à qui il ne faut pas les dire. »

— « Pour qui vous ont donc parlé vos voix ? »

— « Mes voix m'ont dit certaines choses, non pour vous, mais pour le roi. Ah ! s'il les savait, il en serait plus aise à dîner. Je voudrais qu'il les sût, et ne pas boire de vin d'ici à Pâques. »

— « Vos esprits vous ont-ils parlé aujourd'hui ? »

— « Ils me parlent ici-même. »

— « Où sont-ils donc, vos esprits ? »

— « Ils sont là sans qu'on les voie. »

A ces mots l'assistance tressaillit.

L'interrogateur reprit :

— « Vous vous amusez de nous, Jeanne, quand vous voulez nous persuader que les esprits du ciel visitent une fille de si mince origine. »

— « Ils ne se sont pas enquis de cela pour se communiquer à moi. »

— « Si des esprits vous parlent, il faut croire que ce sont plutôt les esprits des fées, de mauvais esprits. »

— « Comment seraient-ce les fées qui m'apparaîtraient et non les saintes ? Vous trouvez incroyable tout ce qui est pour moi, et croyable tout ce qui est contre moi. »

C'était une opinion commune que, quand une personne est livrée au démon, elle ne saurait dire *Notre Père* ni *Je vous salue.*

— « Dites-nous *Notre Père,* et *Je vous salue, Marie,* » dit l'interrogateur à Jeanne.

— « Je les dirai volontiers, répondit-elle, si monseigneur de Beauvais veut m'ouïr en confession. »

Ainsi Jeanne se vengeait de son ennemi en lui offrant toute sa confiance. Déjà sa victime, elle lui proposait d'être sa pénitente.

L'évêque parut touché. Mais l'émotion ne dura point.

X. — INTERROGATOIRES SUR LES FAITS ET GESTES DE JEANNE

— « Est-ce par l'ordre de Dieu, que, de votre village de Lorraine, vous êtes allée en plein pays de France ? »

— « J'aurais mieux aimé être tirée à quatre chevaux que de m'en aller sans l'agrément de Dieu. »

— « Croyez-vous avoir bien agi en partant à l'insu de votre père et de votre mère ? »

— « Ils m'ont pardonné. »

— « Pensiez-vous ne pas pécher ? »

— « Puisque Dieu commandait, il convenait d'obéir. Quand j'aurais eu cent pères et cent mères et que j'eusse été fille de roi, je serais partie. »

— « Est-il vrai qu'il y avait un ange sur la tête du roi, quand vous le vîtes pour la première fois ? »

— « Par la bienheureuse Marie, s'il y en avait un, je ne sais ; je ne l'ai pas vu. »

— « Y avait-il une lumière ? »

— « Il y avait là plus de cinquante torches, sans compter la lumière qui m'éclairait. »

— « Quelle est cette lumière qui vous éclairait ? »

— « Une lumière dont je voudrais que vous fussiez éclairés vous-mêmes. »

— « Comment votre roi a-t-il ajouté foi à vos paroles ? »

— « Par les signes qu'il en a eus et par les témoignages du clergé réuni à Poitiers. »

— « Pourquoi les gens d'Église témoignèrent-ils en votre faveur ? »

— « A cause de leur science, et parce qu'ils étaient clercs. »

— « N'avez-vous pas eu l'arrogance impie de prendre empire sur des hommes et de vous faire chef de guerre ? »

— « Si je fus chef de guerre, ce fut pour battre les Anglais. »

— « Au cas où Dieu aurait voulu donner mission à quelqu'un, pourquoi vous aurait-il choisie, vous ? »

— « Dieu se glorifie quand il lui plaît dans une faible fille. Il est le Tout-Puissant. »

— « Comment pouvez-vous donner comme divine la mission de verser le sang humain ? »

— « Je commençais toujours par requérir qu'on déposât les armes. J'ai supplié le duc de Bourgogne qu'il y eût paix entre lui et le roi. Quant aux Anglais, la seule paix qu'il y faut, c'est qu'ils retournent en Angleterre. »

— « Ne voyez-vous pas combien vos sommations étaient orgueilleuses ? »

— « Je ne les ai point faites par orgueil, mais par le commandement de Notre-Seigneur. »

— « Vous savez bien que votre roi a jadis répandu le sang de monseigneur le duc de Bourgogne. Croyez-vous qu'il ait bien fait ? »

« La voilà prise, pensèrent les docteurs. Dire oui, c'est prôner l'assassinat. Dire non, c'est avouer son roi assassin. »

Jeanne répondit :

— « La mort de monseigneur le duc de Bourgogne fut grand dommage pour le royaume. Mais, quelque chose qu'il y eût entre ces deux princes, Dieu m'a envoyée au secours du roi de France. »

— « Vous êtes-vous fait donner grand argent par le roi ? »

— « Je n'ai demandé au roi que de bons chevaux et de bonnes armes. »

— « D'où vous venait l'épée que vous portiez à Orléans ? »

— « De l'église Sainte-Catherine de Fierbois, où je l'envoyai chercher. »

— « Jusqu'à quand avez-vous gardé cette épée ? »

— « Jusqu'à mon départ de Saint-Denis, après l'attaque de Paris. »

— « Avez-vous posé votre épée sur l'autel pour qu'elle fût plus fortunée ? »

— « Non. Mais j'ai toujours désiré que mes armes fussent heureuses. »

— « Quelle épée aviez-vous quand vous fûtes prise ? »

— « Une épée enlevée à un Bourguignon. C'était une bonne épée de guerre. »

— « Où aviez-vous laissé l'autre ? »

— « Cela n'est pas du procès. »

— « Avouez-nous si vous n'aviez pas quelques sortilèges? »

— « Mes sortilèges, c'était l'amour de la France et le mépris du danger. »

— « Quand vous vîntes à Orléans, aviez-vous un étendard? »

— « Oui, un étendard brodé de franges de soie. Le champ en était semé de fleurs de lis d'or. Un monde y était figuré avec deux anges sur les côtés. Il portait ces mots écrits : *Jesus*, *Maria*. »

— « Qu'aimiez-vous mieux de votre étendard ou de votre épée? »

— « J'aimais beaucoup plus, voire quarante fois mieux, mon étendard que mon épée. »

— « Qui portait votre étendard? »

— « Je portais moi-même mon étendard au lieu de lance, pour éviter de tuer quelqu'un. Je n'ai jamais tué personne. »

— « Du moins vous avez bien été en beaucoup de lieux où les Anglais ont été tués? »

— « Mon Dieu, oui. Mais de ces exterminations d'hommes il faut parler doucement et à voix basse. Que les Anglais ne quittaient-ils la France et ne s'en allaient-ils dans leur pays? »

— « Était-il bien à une fille de chevaucher parmi les morts? »

— « Je n'ai jamais vu le sang couler, sans sentir mes cheveux se dresser sur ma tête. »

A ce moment de l'interrogatoire, un lord anglais fut touché :

— « Voilà une bonne femme, dit-il. Que n'est-elle Anglaise ! »

L'interrogatoire continua :

— « Jeanne, vos compagnons ne se faisaient-ils pas des étendards à la ressemblance du vôtre ? »

— « Je ne les y ai jamais encouragés. »

— « Ne leur disiez-vous pas que de tels étendards leur porteraient bonheur ? »

— « Non ; je disais seulement : « Entrez hardiment parmi les Anglais », et j'y entrais moi-même. »

— « Ne faisiez-vous pas croire à ceux qui suivaient votre étendard qu'ils seraient victorieux ? »

— « Je disais ce qui est advenu et adviendra encore. »

— « Qui aidait plus, vous à l'étendard ou l'étendard à vous ? »

— « De la victoire de l'étendard ou de Jeanne, c'était tout à Notre-Seigneur. »

— « Pourquoi votre étendard fut-il porté en l'Église de Reims, au sacre ? »

— « Il avait été à la peine ; c'était bien raison qu'il fût à l'honneur. »

— « Ne disiez-vous pas aux soldats que vous détourneriez d'eux les flèches des Anglais ? »

— « Je leur disais d'être sans crainte. Plusieurs

ont été blessés à mes côtés. J'ai été blessée moi-même. »

— « Les voix vous avaient-elles ordonné d'attaquer Paris ? »

— « Quand j'attaquai Paris ce ne fut ni contre ni par le commandement de mes voix. »

— « Est-il bien d'avoir attaqué Paris le jour de la nativité de Notre-Dame ? »

— « Il est bien de fêter Notre-Dame. Il serait bien en conscience de la fêter tous les jours. »

— « Ne pensez-vous pas avoir fait un péché mortel en attaquant Paris ce jour-là ? »

— « Non. D'ailleurs, si j'ai péché, c'est à Dieu d'en connaître, et, en confession, à Dieu et au prêtre. »

— « Pourquoi ne prîtes-vous pas la Charité, puisque vous aviez commandement de Dieu ? »

— « Qui vous a dit que j'avais commandement d'y entrer ? »

— « N'eûtes-vous pas conseil de vos voix ? »

— « Je voulais revenir vers Paris ; mais les hommes d'armes me dirent que c'était le mieux d'aller devant la Charité premièrement. »

— « N'est-ce pas un péché de prendre un homme à rançon et de lui ôter la vie ? »

— « C'est un péché, et je ne l'ai jamais commis. »

— « Franquet d'Arras n'a-t-il pas été par vous livré à la mort ? »

— « J'ai consenti à ce qu'il fût jugé, parce que je

n'avais pu l'échanger à mon gré et parce qu'il avait confessé être un brigand et un traître. »

— « En allant à Compiègne, saviez-vous que vous y seriez prise ? »

— « Je savais que je serais prise. Mais je ne savais ni l'heure ni le lieu. Si j'eusse su que je serais prise à Compiègne, je n'y serais point allée, à moins d'un commandement exprès de mes voix. »

— « Vos voix vous ont-elles commandé cette sortie où vous fûtes faite prisonnière ? »

— « Puisque c'était le plaisir de Dieu, c'est pour le mieux que j'aie été faite prisonnière. Les saintes m'avaient bien dit que je serais prisonnière avant la Saint-Jean, qu'il fallait qu'il fût ainsi fait et que Dieu m'aiderait. »

— « Vos saintes ne vous avaient-elles pas dit que vous délivreriez le duc d'Orléans, prisonnier en Angleterre ? »

— « Elles me l'ont dit. »

— « Comment comptiez-vous opérer sa délivrance ? »

— « En prenant assez d'Anglais pour l'avoir à rançon, ou en passant la mer pour l'aller quérir par force en Angleterre. »

— « Vos voix ne vous ont-elles pas trompée là-dessus ? ».

— « Il y a une condition pour réussir, c'est de durer. »

— « A Beaulieu, n'entreprîtes-vous pas de vous échapper ? »

— « J'essayai. Mais ma tentative n'aboutit pas. Ce n'était pas le plaisir de Dieu que je m'échappasse pour cette fois. Il faudra que je voie le roi des Anglais, comme les saintes me l'ont dit. »

Malgré le témoignage de ses voix, Jeanne ne devait ni délivrer le duc d'Orléans, ni voir le roi des Anglais.

L'interrogatoire continua :

— « N'avez-vous pas sauté du haut de la tour de Beaurevoir pour vous tuer ? »

— « Je ne voulais pas me tuer ; mais aller rejoindre les miens. J'entendais dire qu'à Compiègne les pauvres gens allaient être exterminés. Puis, je savais que j'étais vendue aux Anglais. »

— « Mais, étant protégée de Dieu, pourquoi ne pas attendre que Dieu vous délivrât ? »

— « Le proverbe dit : *Aide-toi, Dieu t'aidera*. J'essayerais encore d'échapper aux Anglais si j'en avais le moyen. »

— « On vous gardera avec de bonnes chaînes. »

— « Vous pouvez m'enchaîner. Vous n'enchaînerez pas la fortune de la France. »

— « Sainte Catherine et sainte Marguerite haïssent-elles les Anglais ? »

— « Elles aiment ce que Notre-Seigneur aime, et haïssent ce qu'il hait. »

— « Dieu hait-il les Anglais ? »

— « De l'amour ou haine que Dieu a pour les Anglais, je n'en sais rien. Mais je sais bien qu'ils seront tous mis hors de France, sauf ceux qui y périront. »

— « Quelle récompense attendiez-vous de tout ce que vous avez fait pour votre roi et contre les Anglais ? »

— « Je n'ai jamais rien demandé à mes voix que le salut de mon âme. »

XI. — INTERROGATOIRES SUR LE SIGNE DONNÉ AU ROI

Un point sur lequel on revint souvent, c'était le signe par lequel Jeanne s'était fait agréer auprès du roi.

Là-dessus, comme sur les visions, elle avait fait des réserves.

Pressée de parler, d'abord elle refusa, puis elle répondit en poétisant ses souvenirs.

— « Quelle révélation fîtes-vous à votre roi ? »

— « Allez le lui demander à lui-même. »

— « C'est à vous de nous le dire. »

— « Vous n'aurez pas cela de moi. Sachez seulement que le roi eut signe de mes faits avant qu'il y voulût croire. »

— « Il faut nécessairement nous répondre là-dessus. »

— « Seriez-vous contents que je me parjurasse ? »

— « Vous avez donc promis à vos saintes de taire le signe donné au roi ? »

— « J'ai promis. »

— « Le signe donné au roi fut-il de Dieu ? »

— « Oui. »

— « Durera-t-il longtemps ? »

— « Il peut durer mille ans et plus. »

— « Est-il or, argent, pierre précieuse, couronne ? »

— « La plus riche couronne qui soit au monde. »

— « Que signifiait cette couronne? »

— « Que le roi reprendrait le royaume de France. »

— « Qui l'avait faite ? »

— « Il n'y a orfèvre sur terre qui sût faire couronne si riche et si belle. »

— « Qui l'apporta? »

— « Un ange. »

— « L'ange vint-il de haut ? »

— « Il vint de haut, j'entends par le commandement de Notre-Seigneur. »

— « Y avait-il là une lumière?»

— « Oui. La lumière ne vient pas toute à vous, mes maîtres. »

— « Comment l'ange se montra-t-il au roi ? »

— « Il entra par la porte, fit révérence au roi et lui déclara qu'il aurait tout le royaume, avec l'aide de Dieu et moyennant mon labeur. »

— « Donna-t-il la couronne directement au roi ? »

— « Il la donna à l'archevêque de Reims qui la remit au roi. »

— « De tout cela vous en rapporteriez-vous à l'archevêque de Reims ? »

— « Faites-le venir, et que je l'entende parler, et puis je vous répondrai. Il n'oserait dire le contraire de ce que je vous ai dit. »

— « Saluâtes-vous l'ange lorsqu'il apporta le signe ? »

— « J'ôtai mon chaperon, m'agenouillai, puis remerciai Dieu de ce qu'il me délivrait des clercs qui arguaient contre moi. »

— « L'ange qui apporta le signe parla-t-il au roi ? »

— « Il dit qu'il fallait se mettre en besogne et que la France serait bientôt allégée. »

— « Est-ce le même qui vous a assistée ? »

— « Le même. »

— « Maintenant, il vous a donc failli ? »

— « Pourquoi m'aurait-il failli, puisqu'il me conforte tous les jours dans ma prison ? »

— « Les signes manquent pour qu'on vous croie. »

— « Je le vois bien. Le signe qu'il vous faudrait à vous, le seul qui pût vous émouvoir, c'est que Dieu me délivrât de vos mains. »

XII. — INTERROGATOIRES SUR LES PRÉVISIONS DE JEANNE

Voyant Jeanne si sereine, les juges se demandaient si elle n'avait pas au cœur bonne assurance sur la fin de sa captivité.

— « Jeanne, savez-vous par révélation si vous échapperez ? »

— « Cela ne touche point le procès. Voulez-vous que je parle contre moi ? »

— « Les voix ne vous en ont-elles rien dit ? »

— « Je m'en rapporte à Notre-Seigneur, qui fera selon sa volonté. »

— « Répondez plus clairement. »

— « Eh bien, ceux qui veulent m'ôter de ce monde, pourraient bien s'en aller avant moi. »

— « Vous comptez donc être délivrée ? »

— « Par ma foi, je ne sais quand cela sera. Le plaisir de Dieu soit fait ! »

— « Dites-nous du moins ce que vos voix vous ont dit là-dessus, en général ? »

— « Elles m'ont dit que je serais délivrée ; que je sois gaie et hardie. »

— « Vraiment, vos saintes vous ont dit cela ? »

— « Elles me disent que je serai délivrée à grande victoire. Elles me disent aussi : « Prends tout en gré ; ne te soucie de ton martyre ; tu en viendras enfin au royaume du Paradis. »

— « Votre délivrance est-elle proche ? »

— « Dans trois mois je vous répondrai. »

Dans trois mois Jeanne devait être délivrée, non par la victoire, mais par le supplice.

Une chose dont les juges évitaient de parler et dont Jeanne aimait à parler, c'était le triomphe de la France.

En présence de ces Anglais et de ces amis des Anglais qui l'entouraient, elle répétait à chaque occasion : « Tout le royaume reviendra à Charles, fils de Charles, seul roi. »

— « Vous oubliez, lui disait-on, que les Bourguignons sont pour Henri, roi d'Angleterre. »

Elle répondait :

— « Les Bourguignons auront guerre s'ils ne font ce qu'ils doivent, et, comme les Anglais, ils succomberont. »

— « Aux uns et aux autres vous avez envoyé des lettres où vous leur faisiez des menaces ? »

— « Je ne les renie pas. »

— « Vous espérez donc toujours pour votre roi ? »

— « Je n'espère pas. Je suis sûre. Dieu enverra aux Français grande victoire. Je le sais, comme je sais que vous êtes là. »

— « Comment le savez-vous ? »

— « Par révélation, et je serais bien attristée que ce fût longtemps différé. »

— « Quand cela arrivera-t-il ? »

— « Je ne sais ni le jour, ni l'heure. »

— « En quelle année ? »

— « Vous ne le saurez pas encore. Mais je voudrais bien que ce fût avant la Saint-Jean. »

— « N'avez-vous pas dit que ce serait avant la Saint-Martin d'hiver ?

— « Avant la Saint-Martin d'hiver on verra bien des choses, et il se peut qu'on voie les Anglais jetés bas. »

Jeanne s'interrompit un moment. Puis elle reprit avec force :

— « Oui, le temps arrive où les Anglais éprouveront le pire dommage qu'ils aient jamais éprouvé en France. Avant qu'il soit sept ans, ils délaisseront un plus grand gage qu'il n'ont fait devant Orléans et perdront tout dans ce pays. »

— « Pourquoi nous dire cela ? »

— « Je le dis afin que, quand ce sera advenu, on ait mémoire que je l'ai dit. »

Paris, le grand gage, devait en effet être enlevé aux Anglais avant sept ans. Mais la France ne fut délivrée d'eux qu'au bout d'une vingtaine d'années.

XIII. — INTERROGATOIRES SUR LA SAINTETÉ DE JEANNE

Il semblait que Jeanne, en faisant des prédictions, s'attribuât la sainteté.

Les juges se demandèrent s'ils ne pouvaient pas tirer de là une accusation de sacrilège.

— « Jeanne, êtes-vous prophétesse ? »

— « Non. Je ne sais qu'une chose de l'avenir, c'est que les Anglais seront mis hors de France. Sans cette révélation qui me soutient, je serais morte. »

— « N'a-t-on pas fait de vous des images en papier, en plomb et en métal, qu'on portait suspendues au cou ? »

— « Si on m'a prise pour une sainte et si on a fait bénir des images de moi, je n'en ai jamais rien su. »

— « Comment admettez-vous qu'on dise messes et oraisons en votre honneur ? »

— « Si ceux de mon parti prient pour moi, m'est avis qu'ils ne font point de mal. »

— « Ceux de votre parti vous croient-ils envoyée de Dieu ? »

— « J'ignore si ceux de mon parti me croient envoyée de Dieu pour ce que j'ai fait ; et, dans le cas où ils le croiraient, m'est avis qu'ils ne se trompent pas. »

— « On a raconté qu'à Lagny vous aviez ressuscité un enfant. Est-ce vrai ? »

— « Il est vrai que des jeunes filles de la ville s'étaient rassemblées à l'Église, priant Dieu de rendre vie à un enfant pour qu'il fût baptisé. Il est vrai aussi que j'allai prier avec elles. L'enfant ouvrit les yeux, bâilla trois ou quatre fois, reçut le baptême et mourut. Voilà tout ce que je sais. »

— « Avez-vous été marraine d'enfants ? »

— « Oui. »

— « Quel nom leur donniez-vous ? »

— « Aux garçons le nom de Charles, aux filles celui de Jeanne. »

— « Ne venait-il pas des gens pour vous baiser les mains ? »

— « Ils me baisaient les mains le moins que je pouvais. »

— « Quelle était leur pensée ? »

— « Les pauvres gens venaient volontiers à moi parce que je ne leur faisais pas déplaisir, mais les soutenais selon mon pouvoir. »

— « Savez-vous être en la grâce de Dieu ? »

— « C'est grande chose de répondre à telle demande. »

— « Oui, c'est grande chose, murmura un des assesseurs. L'accusée n'est pas tenue de répondre. »

— « Vous feriez mieux de vous taire, » cria l'évêque rouge de colère.

— « Nous la tenons, murmurèrent quelques théologiens. Si elle dit oui, quelle témérité sacrilège! Si elle dit non, quel aveu d'indignité! »

— « Jeanne, savez-vous être en état de grâce? » reprit l'interrogateur.

— « Si je n'y suis, Dieu m'y mette. Si j'y suis, Dieu m'y tienne. »

Les théologiens s'entre-regardèrent, tout déconcertés.

L'interrogateur continua :

— « Désirez-vous bien être en la grâce de Dieu? »

— « Ah! si je savais ne pas être en la grâce de Dieu je serais la plus dolente du monde. Mais, si j'étais en état de péché, les voix ne viendraient pas sans doute. Je voudrais que chacun pût les entendre comme je les entends. »

— « Les voix vous ont-elles dit que vous étiez exempte de péché? »

— « Elles m'ont promis le paradis. »

— « Et depuis, vous tenez-vous sûre de ne pas aller en enfer? »

— « Je crois ce qu'elles m'ont dit, aussi fermement que si j'étais sauvée déjà. »

— « Cette réponse est de bien grand poids, Jeanne. »

— « Oui, c'est pour moi un grand trésor. »

— « Ainsi vous croyez que vous ne pouvez qu'être sauvée? »

— « Je serai sauvée pourvu que je garde bien ma virginité de corps et d'âme. »

— « Est-il besoin de se confesser quand on croit être sauvée ? »

— « On ne saurait trop nettoyer sa conscience. »

— « Mais croyez-vous ne jamais faire un péché mortel ? »

— « Je n'en sais rien. Je me remets de tout à Notre-Seigneur. »

XV. — INTERROGATOIRES SUR L'HABIT DE JEANNE

Il importait de trouver Jeanne en état de péché. L'évêque lui dit :

— « Vous croyez être en état de grâce et vous êtes en perpétuel état de damnation. »

— « Pourquoi ? »

— « A cause de votre habit d'homme.

» Écoutez ce que Dieu dit par la bouche de Moïse, dans le *Deutéronome* : « Une femme ne prendra point un habit d'homme, et un homme ne prendra point un habit de femme. Qui le fait est abominable devant Dieu. »

» Écoutez encore ce qu'a dit un saint concile tenu au IVᵉ siècle : « Si une femme répudie le costume de son sexe et prend l'habit d'homme, qu'elle soit anathème ! »

— « J'ai toujours cru que l'habit était petite chose. »

— « Grave erreur. Porter l'habit d'homme, c'est vous souiller. »

— « L'âme ne tient point à l'habit. »

— « Avez-vous revêtu l'habit d'homme à la requête du sire de Beaudricourt ? »

— « Je l'ai revêtu par ma propre volonté et non à la requête d'aucune personne. »

— « Pour quelle raison ? »

— « Il était naturel que, faisant œuvre d'homme et guerroyant avec des hommes, je portasse habit d'homme. »

— « Pourquoi avoir fait œuvre d'homme, au lieu de vous adonner aux œuvres de femme ? »

— « Les œuvres dont vous parlez, il y a toujours assez de femmes pour les faire. »

— « Dieu a-t-il voulu que vous prissiez l'habit d'homme ? »

— « Je n'ai rien fait que par l'ordre de Dieu. J'attends de lui bonne garant et bon aide. »

— « Avez-vous reçu les sacrements de l'Église en habit d'homme ? »

— « Oui ; mais j'avais soin de déposer mes armes. »

— « Vous déciderez-vous bientôt à quitter l'habit d'homme ? »

— « Il n'est pas en mon pouvoir de dire quand je pourrai revêtir l'habit de femme. »

— « C'est dès maintenant que vous devriez revêtir l'habit de femme. »

— « Eh bien, donnez-m'en un. Je le prendrai et m'en irai. »

— « Vous ne vous en irez pas ainsi de votre prison. »

— « Si je dois rester aux mains de mes gardes, je m'en tiendrai à l'habit que j'ai. »

— « Mais que ferez-vous, si, à cause de cela, on vous prive d'entendre la messe ? »

— « Notre-Seigneur peut bien me la faire entendre sans vous. »

— « Jeanne, voici le saint jour de Pâques. Si vous ne changez d'habit, il vous sera interdit d'aller à la Table Sainte. »

— « Quoi ! se dit Jeanne. Dans ce grand jour des alléluias, je serais exclue de la communion des fidèles ! »

Cette pensée lui poignait le cœur.

— « Eh bien, dit-elle, je consentirai, si vous me donnez une robe descendant jusqu'à terre, telle que celles que portent les filles des bourgeois. »

— « Alors vous ne reprendrez plus l'habit d'homme? »

— « Voulant faire le plaisir de Dieu, je ne m'engagerai jamais à ne plus porter l'habit que j'ai accoutumé de porter dans les combats. »

— « Jeanne, tout ceci finira mal pour vous. »

Jeanne tressaillit.

— « Je vous en prie, messeigneurs de l'Église, dit-elle, si je dois mourir, faites-moi donner, à la mort, une longue chemise de femme. »

— « Ainsi, en cas de mort, vous voulez avoir chemise de femme ? »

— « Il suffit qu'elle soit longue. »

— « Encore une fois, Jeanne, résolvez-vous à abandonner cet habit d'homme; reniez votre souillure. »

— « J'aime mieux faire mon martyre tout d'un coup que de révoquer ce que j'ai fait par le commandement de Notre-Seigneur. »

XV. — INTERROGATOIRES SUR LA SOUMISSION DE JEANNE A L'ÉGLISE

Toujours Jeanne alléguait le nom de Dieu, sans faire intervenir aucune autorité ecclésiastique.

Les juges virent là un grief très sérieux contre elle.

— « Vous ne parlez toujours que de Dieu, Jeanne. Il y a cependant l'Église qui sert d'intermédiaire. »

— « J'aime l'Église, et je la voudrais soutenir de tout mon pouvoir. »

— « Voulez-vous vous en remettre de tous vos dits et faits à la détermination de l'Église ? »

— « Pour les œuvres que j'ai accomplies, je dois m'en rapporter au roi du ciel, qui m'a envoyée. »

— « Vous dédaignez donc l'Église ? »

— « C'est tout un de Notre-Seigneur et de l'Église. »

— « Jeanne, écoutez bien ceci. Il faut distinguer l'Église triomphante : Dieu, les saints, les élus du paradis ; et l'Église militante : le pape, les cardinaux, le clergé, laquelle Église, bien assemblée, ne peut errer et est gouvernée par le Saint-Esprit. Ne voulez-vous pas vous soumettre à l'Église militante ? »

— « Je suis venue au roi de France de par Dieu, de par la Vierge Marie, de par les bonnes saintes et l'Église victorieuse de là-haut. A cette Église je me soumets et tout ce que j'ai fait ou ferai. »

— « Et à l'Église militante ? »

— « Je ne répondrai maintenant autre chose. »

— « Jeanne, vos réponses ne sont pas selon la foi. »

— « Si dans mes réponses il y avait quelque chose de mal contre la foi chrétienne que notre sire Dieu a commandée, je ne le voudrais soutenir. »

— « Que ne vous en rapportez-vous à l'Église militante? »

— « Il faudrait qu'elle ne me commandât rien d'impossible. Pour homme qui vive je ne révoquerai point ce que j'ai dit et fait de par Dieu. »

— « Voulez-vous vous soumettre à notre saint-père le pape? »

— « Conduisez-moi devant lui et je lui répondrai. »

— « Vous en rapporterez-vous à l'église de Poitiers où vous avez été examinée ? »

— « Croyez-vous me prendre de cette manière et par là m'attirer à vous ? »

— « Or ça, Jeanne, ne croyez-vous pas que vous êtes sujette à l'Église qui est sur terre, à savoir à notre saint-père le pape, aux cardinaux, aux archevêques et aux évêques ? »

— « Oui, notre sire Dieu premier servi. »

— « Jeanne, vous allez contre l'article : *Unam sanctam catholicam;* vous vous montrez hérétique ; vous risquez d'être brûlée. »

— « Si je voyais le bûcher allumé devant moi et les

bourreaux prêts à me précipiter dans les flammes, je ne dirais pas autre chose. »

— « Nous vous répétons que vous vous mettez en grand péril. Vous devez redouter à la fois le feu éternel qui dévore les âmes, et le feu de ce monde qui dévore les corps. »

— « Vous n'exécuterez point ces menaces, sans qu'il vous en prenne mal au corps et à l'âme. »

A ce moment, un des assesseurs eut un mouvement de pitié et de justice.

— « Jeanne, dit-il, il se tient actuellement à Bâle un concile général. Ne vous soumettriez-vous pas à lui? »

— « Qu'est-ce, dit Jeanne, qu'un concile général? »

— « C'est une réunion de l'Église universelle, reprit l'assesseur ; et il s'y trouve autant de docteurs de votre parti que du parti des Anglais. »

— « En ce cas, je m'y soumets, » dit Jeanne.

— « Docteur, taisez-vous, de par le diable », s'écria Cauchon courroucé ; et il défendit aux secrétaires de mentionner la réponse de Jeanne.

— « Hélas! dit la pauvre fille, vous écrivez ce qui est contre moi, et vous ne voulez pas écrire ce qui est pour. »

XVI. — L'ACCUSATION

Les juges qui interrogeaient Jeanne n'étaient disposés à trouver vrai que ce qui pourrait la faire trouve coupable.

Avant d'être jugée elle était condamnée.

Un jour, l'appariteur Jean Massieu reconduisait Jeanne dans sa prison.

Un prêtre anglais survint et demanda au prêtre français :

— « Cette fille sera-t-elle brûlée? »

— « Jusqu'ici, répondit Massieu, je n'ai vu en elle que bien et honneur. Mais je ne sais quelle sera la fin de tout ceci. Dieu le sait ! »

Le prêtre anglais courut dénoncer la compassion de Massieu, et Massieu fut en grand péril.

On parla de le noyer.

— « Si vous tenez encore ce langage, lui dit l'évêque de Beauvais, nous vous ferons boire plus que de raison. »

Ce même Massieu condescendit un jour aux désirs de Jeanne le suppliant de la laisser s'arrêter un moment devant une chapelle, pour y prier.

D'Estivet, le prêtre qui faisait fonction de procureur général, en fut informé et devint furieux.

— « Truand, dit-il à Massieu, qui te rend si hardi de laisser approcher de l'église cette criminelle ? Si cela se renouvelle, je te ferai mettre en telle tour que tu ne verras ni lune ni soleil. »

Dès le 18 mars, l'évêque et les principaux théologiens s'occupèrent de tirer des réponses de Jeanne les articles sur lesquels porterait l'accusation.

Dans l'intervalle, arriva à Rouen un homme de loi de grand renom, maître Jean Lohier.

Cauchon, plein de confiance, l'invita à donner son avis sur le procès engagé.

— « Ce procès ne vaut rien, répondit Lohier, parce qu'il n'est pas fait avec publicité suffisante ; parce qu'on y touche à l'honneur du roi de France sans l'appeler lui-même ; parce qu'on a laissé sans conseil l'accusée qui n'est qu'une simple fille. »

Cette réponse mit l'évêque en grand courroux.

— « Vous nous la baillez belle ! s'écria-t-il. Oser dire du mal d'un si beau procès ! Par la Saint-Jean ! nous le continuerons tel que nous l'avons commencé. »

— « Ces juges procèdent par haine, dit maître Lohier. La malheureuse Jeanne est perdue. »

Et il quitta Rouen. En quoi il fut prudent. On voulait le jeter à la rivière.

Le 27 mars, Jeanne fut amenée devant les docteurs, assemblés sous la présidence de l'évêque.

D'Estivet, l'accusateur public, prit la parole.

— « Je suis prêt, dit-il, à établir la vérité de tous les griefs accumulés contre cette fille, et j'en remets la liste au tribunal, article par article.

» Qu'à chaque fois l'accusée me réponde! Se taire sera s'avouer convaincue.

» Mais, d'abord, je jure que je n'agis ni par ressentiment, ni par crainte, mais par zèle pour la sainte foi catholique. »

A son tour, l'évêque parla et dit :

— « Jeanne, félicitez-vous de ce que les juges devant lesquels vous comparaissez sont des gens d'Église habiles dans le droit divin et humain.

» Ils veulent procéder vis-à-vis de vous en toute piété et mansuétude, ne cherchant point à vous châtier, mais à vous ramener dans la voie de la vérité et du salut.

» Comme preuve de notre débonnaireté, je vous propose de choisir pour conseil un ou plusieurs des assistants. »

Jeanne répondit :

— « Je n'ai point intention de me séparer du conseil de Notre-Seigneur

» Soyez sûrs que je continuerai à dire la vérité sur tout ce qui concerne le procès.

» Quant à vos admonitions touchant mon bien et notre sainte foi, je vous en remercie, vous et toute la compagnie. »

S'étant agenouillée, elle prêta serment sur l'Évangile.

Alors commença la lecture de l'acte d'accusation. Cette lecture occupa plusieurs séances.

— « Je requiers, disait d'Estivet, que cette fille mal famée soit déclarée sorcière, devineresse, fausse prophétesse, invocatrice et conjuratrice de mauvais esprits, violatrice des lois, séductrice des princes et des peuples, usurpatrice du culte dû à Dieu, blasphématrice, superstitieuse, mécréante, schismatique, sacrilège, idolâtre, apostate, maldisante et malfaisante, abominable à Dieu et aux hommes. »

Jeanne écouta avec calme et fermeté l'interminable réquisitoire.

Sur tous les points elle renouvela les réponses qu'elle avait déjà faites.

XVII. — LES CONSULTATIONS

Du 2 au 4 avril, on s'occupa de reviser les soixante-dix griefs extraits des réponses de Jeanne, et d'en résumer la substance en douze articles.

Ces douze articles furent envoyés à l'Université de Paris, au Chapitre de Rouen, aux évêques de Lisieux, d'Avranches, de Coutances, et à une cinquantaine de docteurs, avec prière d'opiner, pour le bien de la foi, sur les assertions à eux soumises.

Mais on avait eu soin de réunir préalablement vingt-deux théologiens, dont la réponse devait donner le ton aux autres personnes consultées.

Ces clercs, assemblés le 12 avril dans la chapelle de l'archevêché de Rouen, se prononcèrent ainsi :

« Vu la qualité, les dits et les faits de la personne accusée, nous déclarons ses révélations mensongères et procédant du diable, ses divinations superstitieuses, ses paroles présomptueuses et téméraires, ses actes scandaleux et impies.

» Elle a blasphémé Dieu et les saints; s'est montrée rebelle envers ses parents; a violé le précepte de l'amour du prochain; est tombée dans le schisme vis-à-vis de l'Église et est véhémentement suspecte d'hérésie. »

Les avis des divers théologiens furent calqués sur celui-là.

— « Que peut mon ignorance, disait Gilles, abbé de Fécamp, après tant de savants hommes, comme on n'en trouverait pas dans l'univers entier? Très révérends pères en Notre-Seigneur, ordonnez tout ce que vous voudrez. Pour vous obéir, ma force pourra faiblir, mais non ma volonté. »

L'évêque de Coutances s'excusa d'avoir à juger une œuvre si bien élaborée, et entra dans les vues de Cauchon à qui il fit la politesse d'emprunter ses propres expressions.

L'évêque de Lisieux procéda de même, et allégua contre la mission de Jeanne, entre autres motifs, la basse condition de sa personne.

L'aumônier de l'abbaye de Fécamp affirma également l'entière culpabilité de Jeanne, et, pour qu'on le crût bien, il eut soin de rappeler, au début de sa consultation, qu'il était docteur en théologie depuis plus de vingt-quatre ans.

Il se trouva des prêtres zélés qui, non contents de déclarer Jeanne coupable, tirèrent des conclusions sur le châtiment mérité.

— « Si elle renonce à ses erreurs, disaient-ils, qu'on la garde en prison, au pain de douleur et à l'eau d'angoisse, pour qu'elle pleure ses péchés!

» Si elle n'y renonce pas, qu'on la livre au bras séculier! » — ce qui signifiait : « Qu'on la brûle! »

Cependant, onze avocats consultés essayèrent de faire quelques réserves.

— « Nous trouvons cette fille coupable, disaient-ils. Nous la trouvons même très coupable, ajoutaient-ils en vrais Normands; *à moins qu'elle n'ait eu ordre de Dieu.* »

Plus hardi, l'évêque d'Avranches osa déclarer qu'il convenait de déférer la question au pape et au concile.

On eut soin que son avis ne fût pas consigné au procès.

D'autre part, le chapitre de Rouen n'avait pas hâte de se prononcer.

Le corps des chanoines voyait de mauvais œil le futur avènement de Cauchon, à qui les Anglais avaient promis l'archevêché de Rouen, et qui se laissait appeler d'avance « monseigneur l'archevêque ».

— « Pour donner un avis plus sûr, disaient les chanoines, nous attendrons qu'on nous mette sous les yeux la délibération de l'Université de Paris. »

Ils n'attendirent pas. Le 4 mai, l'évêque les décida à faire une déclaration ainsi conçue :

— « Nous estimons fondée en raison l'opinion des docteurs qui se sont prononcés contre Jeanne. Cette femme doit être réputée hérétique. »

Enfin, le 19 mai, arriva l'avis de l'Université de Paris. Il était tel que les Anglais l'attendaient de son zèle.

La Faculté de théologie et la Faculté des décrets avaient examiné, chacune à son tour, les douze articles.

Dans la longue décision de la Faculté de théologie, calquée sur les douze articles, il était dit :

1° « Les apparitions de Jeanne sont fictives, mensongères et inspirées par les esprits diaboliques. » — Pour qu'on n'en ignorât, la Faculté nommait ces esprits, à savoir Bélial, Satan et Béhemmoth.

2° « Le signe donné au roi est une imposture attentatoire à la dignité des anges. »

3° « La foi de Jeanne dans les visites de saint Michel, sainte Catherine et sainte Marguerite, est une croyance téméraire, injurieuse pour la foi. »

4° « Ses prédictions ne sont qu'outrecuidance et superstition. »

5° « L'usage qu'elle fait d'un habit d'homme en alléguant le consentement de Dieu est un blasphème envers Dieu, une violation de la loi divine et des décrets ecclésiastiques, un témoignage d'idolâtrie. »

6° « Ses lettres sont l'œuvre d'une femme séditieuse, traîtresse, perfide, cruelle, altérée de sang humain. »

7° « Son départ pour Chinon est une violation du commandement d'honorer père et mère, un scandale où s'allient l'impiété filiale et l'aberration dans la foi. »

8° « Le saut de Beaurevoir fait Jeanne coupable de suicide. »

9° « La confiance de Jeanne en son salut est une présomption sacrilège. »

10° « L'affirmation que sainte Catherine et sainte Marguerite ne parlent pas anglais, est un blasphème envers ces deux saintes et une violation du précepte de l'amour du prochain. »

11° « Les honneurs que Jeanne rend à ses visions ne sont qu'idolâtrie et culte des démons. »

12° « Le refus de s'en rapporter de ses faits à l'Église fait de Jeanne une schismatique et une apostate, obstinée dans l'erreur. »

Dans la décision de la Faculté des décrets, il était dit :

« Si cette femme n'avait pas perdu la raison quand elle a affirmé les propositions que contiennent les douze articles, on peut dire, par manière de conseil et pour parler le plus charitablement possible, qu'elle est schismatique, hérétique, apostate, devineresse, obstinée dans l'irréligion, et sacrilège.

» C'est pourquoi si, avertie bénévolement, elle ne veut pas revenir à la foi catholique, elle doit être abandonnée au bras séculier pour être châtiée selon justice. »

Ces décisions, approuvées par tous les gens d'Église qui formaient le corps de l'Université, avaient été envoyées à Rouen avec deux lettres.

L'une de ces lettres était adressée au roi d'Angleterre, l'autre à Cauchon.

Les clercs de l'Université de Paris disaient au roi d'Angleterre, qui était alors un enfant :

« Sire, nous vous louons de votre ardeur à défendre la foi et à extirper l'erreur.

» Faites diligence pour que le procès de la Pucelle soit mené vite. Tout ajournement serait périlleux.

» Une notable et grande réparation est très nécessaire, afin que le peuple, qui a été induit en scandale, soit ramené à bonne et saine doctrine. »

A l'évêque de Beauvais, l'Université disait :

« Excellent pasteur, nous vous complimentons du zèle que vous montrez contre cette femme dont le venin avait infecté tout le bercail des fidèles.

» Il vous est honorable d'avoir conduit ce procès avec si sainte gravité et d'y avoir été assisté par tant de doctes théologiens qui n'ont épargné ni leurs personnes ni leurs peines.

» Persistez à ne rien négliger jusqu'à ce qu'ait été vengée la Majesté divine. »

Pharisiens !

XVIII. — LE JUGEMENT

Tandis que les consultations se poursuivaient, Jeanne était tombée malade.

Ce fut aussitôt un grand trouble parmi les Anglais. Ils avaient peur qu'elle n'échappât par la mort à une sentence de mort.

Le cardinal de Winchester envoya auprès de Jeanne ses meilleurs médecins.

— « Prenez-en bien soin, leur disait le comte de Warwick. Nous ne voudrions, pour rien au monde, que cette fille mourût de mort naturelle. Le roi l'a achetée cher. Il faut qu'elle soit brûlée. »

C'était l'usage de soumettre les accusés à des monitions qu'on leur adressait avant de les condamner

Jeanne était sur son lit de souffrance lorsque, le 18 avril, l'évêque et ses assesseurs vinrent lui adresser la première monition.

Aux exhortations de l'évêque qui l'invitait à quitter la voie du mensonge, Jeanne répondit :

— « Il me semble que je suis en danger de mort. Si ainsi est, faites-moi administrer les sacrements et assurez-moi que je serai inhumée en terre sainte. »

— « Si vous voulez avoir les sacrements de l'Église, répondit l'évêque, il faut vous soumettre à l'Église. »

— « Quelque chose qui m'en doive advenir, reprit Jeanne, je ne dirai ni ne ferai rien autre que ce que j'ai fait et dit. »

— « Alors, vous serez délaissée comme une sarrasine. »

— « Je suis une bonne chrétienne et mourrai telle. »

Jeanne ne mourut pas. A la fin du mois elle était rétablie.

Le 2 mai, eut lieu la seconde monition avec grande solennité.

L'archidiacre d'Évreux, Jean de Châtillon, sermonna Jeanne longuement.

— « Vous agissez, lui disait-il, comme si vous en saviez plus que tous les docteurs dans les matières de foi. »

— « Je respecte les docteurs, répondit Jeanne; mais je m'en remets à mon juge, qui est le roi du ciel et de la terre. » (1)

A la troisième monition, le 9 mai, on fit venir le bourreau; on étala devant Jeanne les appareils de la torture et on lui dit : « Si vous ne voulez être torturée, changez vos dires. »

Mais Jeanne était pleine de vaillance.

— « L'ange Gabriel est venu me fortifier, dit-elle.

(1) Voir les deux chapitres : *Jeanne admonestée par Châtillon*, *Jeanne et la torture*, dans le Mois de Jeanne d'Arc. (Page 187 à 207). Voir surtout le Procès de condamnation.

C'est bien lui. Les saintes me l'ont assuré. Je vous répondrai donc hardiment.

» Sachez que Dieu a toujours été le maître en ce que j'ai fait. Le diable n'a jamais eu puissance sur moi. »

— « Jeanne, reprirent les juges, songez à quels tourments vous vous exposez. »

— « Quand vous me feriez arracher les membres et tirer l'âme du corps, répondit-elle, je ne vous dirais pas autre chose. Et si je vous disais autre chose, après je vous déclarerais que vous me l'auriez fait dire par force. »

Les juges étaient stupéfaits. Ils la laissèrent.

Toutefois, il y en eut trois qui dirent qu'il y aurait lieu de mettre Jeanne à la question. Son confesseur Loyseleur était un des trois.

Le reste des théologiens pensait différemment.

— « La torture est inutile. Elle en a assez dit pour qu'on la condamne », disaient les uns.

— « Il faut surseoir, disaient les autres. Cette fille paraît encore trop endurcie pour que les tourments lui profitent. »

Il y avait une autre raison que plusieurs se donnaient tout bas et que nul n'osait exprimer tout haut, c'était que Jeanne, affaiblie comme elle l'était, risquait de succomber à la torture et d'échapper ainsi au bûcher.

Une fois en possession de la réponse de l'Université

de Paris, l'évêque espéra que Jeanne serait enfin intimidée et qu'on réussirait à lui arracher une rétractation justifiant ses juges et compromettant le roi de France.

Le 23 mai, il fit comparaître la captive devant plusieurs docteurs, dans une salle où il siégeait lui-même avec les évêques de Thérouanne et de Noyon assis à ses côtés.

Pour la circonstance, il s'était adressé à un nouveau prédicateur, Pierre Morice.

Le prédicateur parla en cette manière :

— « Jeanne, vois ce que tu as dit et vois ce que dit la vénérable Université de Paris.

» Considère les erreurs et les crimes dont te reconnaît atteinte ce grand corps qui est la lumière de toute science.

» Ma très chère amie, il est temps, maintenant que nous touchons au terme, de bien peser tes paroles et de les rétracter.

» Dieu a dit aux prélats de l'Église : « Qui vous écoute m'écoute, et qui vous méprise me méprise. »

» Cela étant, je t'avertis, de la part de messeigneurs l'évêque de Beauvais et le vicaire inquisiteur, de rentrer dans la voie de la vérité.

» En agissant ainsi, tu sauveras ton âme et rachèteras, je l'espère, ton corps de la mort.

» Si tu t'obstines, ton âme sera frappée de damnation, et je crains la destruction de ton corps.

» Desquelles choses daigne te préserver Jésus-Christ ! Ainsi soit-il ! ».

Inébranlable, Jeanne répondit :

« Quand je serais dans le feu, je ne pourrais dire que ce que j'ai dit. »

— « Eh bien, dit l'évêque, les débats sont clos. Il va être fait droit. »

Immédiatement fut rédigée la sentence portant ces mots :

« Jeanne est retranchée de l'Église comme un membre infect, et livrée à la justice séculière. »

XIX. — L'ABJURATION

Pourtant il en coûtait aux juges de condamner Jeanne, avant qu'elle se fût condamnée elle-même.

Autant qu'à sa vie, ils en voulaient à sa gloire.

Tentant un dernier effort, ils entreprirent d'ébranler la jeune fille par le spectacle d'une grande foule, la lecture publique de la sentence, la vue du bûcher, l'espoir de la délivrance.

Le 24 mai, Jeanne fut menée au cimetière de Saint-Ouen.

Une multitude d'Anglais et de Français couvrait la plaine.

Au milieu, deux estrades étaient dressées.

Sur l'une siégeaient le cardinal de Winchester, l'évêque de Beauvais, le vicaire de l'inquisition, et une foule de théologiens, prélats, moines et abbés.

Sur l'autre devait monter Jeanne, accompagnée des prêtres appariteurs, des prêtres secrétaires, de son confesseur et du docteur Guillaume Érard chargé de la sermonner.

Au pied de cette seconde estrade se tenait le bourreau, avec une charrette.

Au loin apparaissait la place du Vieux-Marché où le bûcher était préparé.

C'était un fameux prédicateur que Guillaume Érard. On attendait beaucoup de son éloquence.

Dès le matin, dans la prison, de grands théologiens avaient fait de longs discours à Jeanne.

Au cimetière, elle avait à côté d'elle Loyseleur lui répétant sans cesse à l'oreille : « Jeanne, soumettez-vous à notre sainte mère l'Église. »

Le docte Guillaume devait frapper le dernier coup.

Guillaume prêcha sur ce texte de saint Jean : « Une branche de vigne ne peut porter de fruits, si elle ne tient au cep. »

— « L'Église, disait-il, est le cep que la main de Dieu a planté.

» Or vous, Jeanne, vous vous en êtes séparée par vos erreurs et par vos crimes.

» Qu'êtes-vous, sinon une sorcière, une blasphématrice, une schismatique, une hérétique? Qu'êtes-vous, sinon une femme diffamée et de honte pleine ? »

Jeanne écoutait silencieusement et avec calme ces invectives.

Brûlant de zèle, le prédicateur ajouta :

« O noble maison de France, qui as toujours été protectrice de la foi, comment es-tu descendue si bas que ton roi ait adhéré au schisme et à l'hérésie ? »

Jeanne interrompit alors.

— « Parlez de moi, s'écria-t-elle, et non pas du roi ! »

Le prédicateur reprit :

« Oui, je te le dis et répète, Jeanne, ton roi est hérétique et schismatique. »

— « Par ma foi, messire, s'écria Jeanne, je vous ose bien jurer, sous peine de ma vie, que mon roi est le plus noble chrétien qui soit dans la chrétienté. Il n'est point tel que vous dites. »

— « Faites-la taire ! Faites-la taire ! » cria l'évêque de Beauvais.

Le prédicateur continua son discours et finit par ces mots : « Jeanne, obéissez enfin aux sommations qui vous ont été tant de fois adressées par les meilleurs clercs de France. Soumettez vos dits et faits à notre sainte mère l'Église ! »

Il se tut.

Tout le monde était attentif et espérait que Jeanne allait céder.

D'une voix forte elle dit :

« Je répondrai ce que j'ai déjà répondu.

» De mes dits et faits je m'en remets à Dieu qui me les a inspirés.

» S'ils vous paraissent blâmables, n'en chargez que moi. Au cas où il y aurait faute, la faute serait à moi, non à mon roi ni à tout autre. »

— « Mais, Jeanne, reprit Guillaume, pour le bien de votre âme, il faut réprouver ceux de vos dits et faits que l'Église réprouve. »

— « Envoyez à Rome, et faites juge notre saint père le pape. Je m'en rapporterai à lui, après Dieu.

— « Le pape est trop loin. L'évêque de Bauvais est ici le pape. »

— « Je le récuse. »

— « Il faut donc prononcer la sentence », dit l'évêque.

Au milieu d'un grand silence, l'évêque commença la lecture de la sentence.

Après quelques mots, Cauchon s'interrompit. Il voulait voir l'effet produit.

— « Jeanne, abjurez, dit Guillaume d'un ton doux. Nous avons tant pitié de vous ! »

— « Je m'en rapporte à l'Église universelle. »

— « Tu abjureras présentement, ou tu vas être brûlée ! » reprit Guillaume, furieux.

— « Ma très chère amie, soumettez-vous », lui disait son confesseur.

De tous côtés des voix s'élevaient :

— « Faites ce qui vous est conseillé. Voulez-vous votre mort ? »

— « Vous vous donnez tous bien du mal pour me séduire », dit Jeanne.

Les appariteurs qui se trouvaient près d'elle étaient émus de pitié :

— « Cédez pour vous sauver », lui disaient-ils.

— « Jeanne, vous ne voulez donc pas être délivrée de votre prison ? » reprit Guillaume.

— « Or çà, dit l'évêque, puisque toutes les exhortations la trouvent rebelle, achevons la lecture de la sentence. Jeanne, je vais vous déclarer retranchée de l'Église et livrée au bourreau. »

A ces mots, Jeanne brisée défaillit.

— « J'obéirai », murmura-t-elle.

— « Vous ne voulez plus soutenir vos révélations ? » dit Guillaume avec empressement.

— « Je m'en rapporte à notre sainte mère l'Église. »

— « Alors il faut abjurer et signer cette déclaration », reprit Guillaume.

Et il fit lire à Jeanne une pièce qu'on tenait prête.

Toute l'assistance était dans l'agitation. Beaucoup de Français criaient : « Jeanne, signez ; prenez pitié de vous-même ! »

Jeanne demanda un délai.

— « Pas de délai. L'abjuration ou le bûcher ! » cria Guillaume.

— « J'aime mieux signer que d'être brûlée », dit Jeanne vaincue.

Et elle traça une croix au bas de la déclaration.

— « Elle est sauvée ! » s'écrièrent des Français.

Les Anglais furent hors d'eux-mêmes.

— « Tous ces hommes d'Église sont des traîtres », disaient-ils, et ils lançaient des pierres sur les estrades.

Au milieu de ce tumulte, un secrétaire du roi d'Angleterre s'approcha de Jeanne, lui prit la main, et lui fit signer une déclaration dont elle ne connaissait pas le texte.

Dans cette déclaration autrement explicite que la première, Jeanne s'accusait d'avoir blasphémé Dieu, ses saints et ses saintes; d'avoir porté un habit infamant; d'avoir désiré cruellement l'effusion du sang humain; d'avoir adoré les mauvais esprits.

— « Je me soumets, y disait-elle, à la correction de l'Église, promettant en particulier à mon révérend père en Dieu l'évêque de Beauvais et à sa très religieuse personne le vicaire de l'inquisition, que jamais je ne retournerai à mes erreurs et à mes crimes. »

Cette déclaration, extorquée à Jeanne, fut la seule que les juges consignèrent au procès-verbal. Après avoir trompé la pauvre fille, ils espéraient tromper l'histoire.

Jeanne ayant fléchi, l'évêque de Beauvais se retourna vers le cardinal de Winchester et lui demanda respectueusement ce qu'il fallait faire.

— « Admettre l'accusée à la pénitence », répondit le prélat.

L'archevêque et l'évêque étaient bien sûrs de la ressaisir.

— « Considérant l'abjuration de Jeanne, dit l'évêque de Beauvais, l'inquisiteur et moi nous l'absolvons de l'excommunication.

» Toutefois, comme elle a péché contre Dieu et la sainte Église, voulant lui ménager charitablement une pénitence salutaire, nous la condamnons à vivre au pain et à l'eau dans une prison perpétuelle, afin qu'elle pleure les péchés commis et n'en commette plus qui soient à pleurer. »

— « Soit, j'irai en prison, dit Jeanne. Mais ce sera une prison ecclésiastique, non une prison des Anglais. »

Être tirée des prisons anglaises lui semblait être déjà la liberté.

— « Reconduisez-la où vous l'avez prise », dit Cauchon.

Et, au milieu des huées, on la ramena dans l'horrible tour des Anglais.

Pourtant les hommes d'armes accusaient les docteurs d'avoir volé l'argent du roi d'Angleterre.

Warwick lui-même se plaignit à l'évêque de Beauvais et aux assesseurs.

— « L'affaire va mal, dit-il, puisque Jeanne échappe. »

— « Milord, ne soyez pas en peine, lui fut-il répondu. Nous la retrouverons. »

XX. — JEANNE RELAPSE

Le jour même de l'abjuration, le vice-inquisiteur, assisté de plusieurs écclésiastiques, se rendit à la prison et dit à Jeanne :

— « Conformément aux ordres de l'Église, vous allez prendre l'habit de femme. Soyez prévenue que, si vous retombiez dans vos égarements, l'Église vous abandonnerait. »

Jeanne accepta l'habit qui lui fut présenté.

— « Adieu, Jeanne, ajouta le moine, et remerciez l'Église de sa grande miséricorde. »

Quelle miséricorde !

Jeanne était réduite au pain et à l'eau.

Pendant le jour, elle était liée à une poutre par une forte chaîne de fer.

Pendant la nuit, des anneaux de fer lui tenaient les jambes attachées au pied de son lit.

Elle était sous la garde de cinq soldats anglais, dont trois se tenaient dans sa prison et deux à la porte.

Il venait des hommes grossiers qui la brutalisaient.

Il y eut même un milord d'Angleterre qui voulut lui faire violence.

Au bout de deux jours, se répandit cette nouvelle : « Jeanne est retombée en faute. Elle donne créance à ses voix et a repris ses habits d'homme. »

Aussitôt plusieurs assesseurs d'accourir à la prison.

Mais les soldats anglais redoutaient qu'ils ne vinssent pour tout accommoder.

— « Vous êtes des traîtres », criaient-ils. Et ils menaçaient ces hommes d'Église de leurs haches.

Les assesseurs se retirèrent.

Le lendemain, 28 mai, l'évêque de Beauvais arriva, accompagné du vice-inquisiteur et de sept ou huit prêtres.

Quand l'évêque et ses compagnons entrèrent dans la prison, on les accueillit par ces cris joyeux : « Elle est prise ! Elle est prise ! »

En même temps, les hommes d'armes montraient Jeanne qui avait l'habit d'homme.

Éplorée et meurtrie, les vêtements en désordre et les cheveux épars, la pauvre fille se tenait debout près de la grosse poutre où elle était attachée.

— « Jeanne, dit l'évêque, n'aviez-vous pas juré de ne pas reprendre l'habit d'homme ? »

— « Je n'ai jamais entendu faire un tel serment », répondit Jeanne.

— « Pourquoi avez-vous repris cet habit ? »

— « Parce qu'il est plus convenable d'avoir habit d'homme, étant entre les mains des hommes. »

— « Vous aviez cependant promis de garder l'habit de femme, sous peine de mort. »

— « J'aime mieux mourir que d'être aux fers. »

— « Ainsi vous entendez ne pas quitter l'habit d'homme ? »

— « Si on veut me laisser aller à la messe et m'ôter les chaînes, si on veut me mettre en prison douce et que j'aie une femme près de moi, je ferai ce que l'Église voudra. »

— « Jeanne, reprit l'évêque, vous voilà déjà relapse, vu votre vêtement. Parlez-nous maintenant de vos voix. Les avez-vous entendues depuis le 24 mai ? »

— « Oui », dit Jeanne.

— « Et que vous ont-elles dit ? »

— « Mes saintes m'ont dit que c'était grande pitié d'avoir trahi Dieu par mon abjuration, et que je perdais mon âme pour sauver ma vie. »

— « Voilà une réponse mortelle », murmura un des assesseurs.

— « En effet, cette fille est deux fois relapse », dit l'évêque.

— « A votre guise, reprit Jeanne. Mes voix m'ont dit que l'autre jour j'aurais dû répondre hardiment à ce faux prêcheur. Je fis mal en confessant par peur du feu que ce que j'avais fait n'était pas bien fait. »

— « Vous affirmez donc encore vos apparitions? »

— « Les renier serait mentir. Je regrette d'avoir été faible. J'entends ne rien révoquer sans le bon plaisir de Dieu. »

— « Voulez-vous donc mourir? »

— « J'aime autant mourir en une fois que mourir si longuement dans une prison. »

Ainsi voilà qui est entendu. Selon vous, votre abjuration a été une chose contre Dieu. »

— « Jamais je n'ai voulu faire chose contre Dieu ou la foi. Ce qui était en la cédule d'abjuration je ne l'entendais point; et je n'ai eu la pensée de rien révoquer qu'autant que ce serait le plaisir de Dieu. ».

— « Finalement, voulez-vous ou non vous conformer à nos ordres? »

— « Si c'est le vouloir de mes juges, je reprendrai » l'habit de femme. Pour le reste je n'en ferai autre » chose (1) ».

— « Eh bien, nous n'avons plus qu'à procéder comme de raison ».

Jeanne en avait assez dit. Elle était perdue:

— « Tout va bien! tout va bien! » dit l'évêque à Warwick, qui l'attendait au sortir de la prison. »

(1) Il ressort des procès-verbaux que ce n'est pas, comme on le dit partout, la question de vêtement, mais la question de conscience qui fut principalement en jeu. Jeanne, renonçant aux conditions qu'elle y avait mises, finit par déclarer qu'elle « accepterait de reprendre l'habit de femme ». Mais elle ne consentit à céder une seconde fois que pour cette question de l'habit. Au sujet de sa mission et de ses voix, elle se montra intraitable.

C'est cette obstination de la voyante affirmant la sainteté de

XXI. — LE SUPPLICE

Vercingétorix et Velléda, martyrs en qui s'incarna jadis la patrie, voici que Jeanne va vous rejoindre, la dernière et la plus grande d'une trinité glorieuse.

Toi, Vercingétorix, tu étais fait pour sauver la Gaule et chasser César; mais tu fus trahi par les prêtres et par les seigneurs; tu fus enfermé six ans dans un cachot; tu ornas le triomphe du vainqueur; et tu péris étranglé.

Toi, Velléda, tu prêchas la guerre de l'indépendance et tu éveillas les Gaulois du sommeil de la servitude; puis, prise et menée captive, tu mourus à Rome d'une mort misérable.

Héros de notre vieille Gaule, le 30 mai 1431, vous dûtes vous lever de votre poussière, pour regarder mourir l'héroïne de notre vieille France!

La veille, l'évêque de Beauvais avait recueilli les avis des gens d'Église, prélats, moines et abbés. Tous avaient déclaré Jeanne relapse. Elle devait être livrée au bras séculier et périr.

Le 30 mai, dès le matin, frère Martin Ladvenu vint

ses voix et opposant aux consignes ecclésiastiques l'intime témoignage de son âme, qui restera l'unique grief dont puissent se prévaloir ses juges; et c'est uniquement sur elle que sera fondée la sentence. (Voir le MOIS DE JEANNE D'ARC, *La relapse fidèle à ses voix* (page 265 à 281) et le PROCÈS DE CONDAMNATION.

trouver Jeanne dans la prison pour la préparer à mourir.

— « Jeanne, dit-il, votre heure est venue. Vous allez être brûlée aujourd'hui. »

A cette nouvelle d'une mort si proche et si cruelle, la pauvre fille se mit à s'arracher les cheveux et à pousser des cris douloureux qui faisaient pitié.

— « Hélas ! disait-elle, me traite-t-on si horriblement que mon corps, qui est pur et ne fut jamais corrompu, soit aujourd'hui consumé et réduit en cendres !

» Ah ! j'aimerais mieux être décapitée sept fois que d'être ainsi brûlée.

» Hélas ! si j'eusse été mise en prison ecclésiastique et que je n'eusse pas été gardée par mes ennemis, il ne me fût pas advenu si misérable sort !

» Oh ! j'en appelle devant Dieu, le grand juge, des cruautés et injustices qu'on me fait ! »

Tandis qu'elle se lamentait, Cauchon survint.

A sa vue, Jeanne s'écria :

— « Évêque, je meurs par vous ! J'en appelle de vous à Dieu. »

L'évêque de Beauvais voulait arracher à la Pucelle une suprême rétractation.

On ne pouvait faire nier à Jeanne l'existence de ses voix. Mais il semblait possible d'obtenir qu'elle se déclarât déçue par elles.

— « Jeanne, dit-il, vous avez toujours prétendu que vos voix vous annonçaient votre délivrance. Vous voyez bien qu'elles vous ont trompée. »

— « Je le vois », répondit-elle.

— « Croyez-vous encore à ces voix ? »

— « Je crois en Dieu seul », répondit la pauvre fille un moment ébranlée.

Et, se tournant vers un des assesseurs :

— « Maître Pierre, lui dit-elle, où serai-je ce soir ? »

— « N'avez-vous pas bonne espérance ? » répondit le prêtre.

— « Oui, reprit-elle, Dieu aidant, j'espère aller en paradis. »

C'est Ladvenu qui reçut la dernière confession de Jeanne. Il l'avait déclarée hérétique et relapse. En l'écoutant, comme il dut s'accuser !

La confession finie, Jeanne fut admise à communier : ce qui était une grande grâce que l'Église faisait à la condamnée.

L'hostie fut apportée sur une patène couverte d'un voile.

On avait eu soin de supprimer l'appareil ordinaire. Ni cierge, ni étole, ni surplis. Cela indigna le frère Martin. Il envoya quérir une étole et de la lumière.

Pendant la communion de Jeanne, les assistants à genoux prononcèrent les litanies des agonissants : « Seigneur, ayez pitié ! Christ, ayez pitié ! Sainte Marie, priez pour elle ; Saints et saintes, priez pour elle !

Au dehors, près de la porte de la prison, s'étaient rassemblée une grande multitude de bonnes gens.

Ils tenaient des cierges à la main, et, agenouillés sur

le pavé, ils psalmodiaient eux aussi les litanies. De la prison, on les entendait entonner en chœur l'appel suprême : « *Orate pro ea.* » *Priez pour elle.*

Vers neuf heures on passa à Jeanne la chemise longue des suppliciés ; et on lui posa sur la tête une mitre représentant des diables, avec ces mots : « HÉRÉTIQUE, RELAPSE, APOSTATE, IDOLATRE. »

Jeanne monta dans la charrette du bourreau.

Huit cents Anglais, portant haches et bâtons, faisaient cortège.

Frère Martin Ladvenu et frère Isambard étaient près de la Pucelle, lui adressant leurs exhortations.

Elle priait et pleurait.

Adieu le fracas des armes, les clameurs de la bataille, le frémissement de la bannière victorieuse.

Adieu les verts sentiers, les sources fraîches, le bois chenu, et cette chère maison paternelle où Jeanne songeait toujours à retourner.

Là-bas, ses compagnes d'autrefois jouissaient paisiblement de leur vie en sa belle saison, aimaient, se mariaient, devenaient mères. Ici, Jeanne, escortée de soldats brutaux allait mourir. Elle allait mourir, et l'Anglais souillait encore le sol de France !

Tout à coup, un prêtre perça la foule, se précipita vers Jeanne, et se jeta à ses genoux.

C'était Loyseleur. Pris de remords, il venait demander pardon.

Les Anglais, courroucés, l'écartèrent et menacèrent de le tuer.

La charrette continuait à avancer lentement. On arriva à la place du Vieux-Marché.

Trois estrades étaient dressées.

Sur l'une se tenaient le cardinal de Winchester et plusieurs prélats français.

Sur la seconde siégeaient les juges et les assesseurs.

Jeanne devait prendre place sur la troisième, où se détachait un écriteau portant ces mots en grosses lettres :

« JEANNE, DITE LA PUCELLE, MENTERESSE, PERNICIEUSE,
« ABUSERESSE DU PEUPLE, DEVINERESSE, SUPERSTITIEUSE,
« BLASPHÉMATRICE DE DIEU, PRÉSOMPTUEUSE, MÉCRÉANTE,
« IDOLATRE, CRUELLE, DISSOLUE, INVOCATRICE DE DIABLES,
« APOSTATE, SCHISMATIQUE, HÉRÉTIQUE. »

Au-dessus apparaissait le bûcher.

Apercevant tout cet appareil et l'horrible instrument du supplice, Jeanne s'écria :

« Rouen ! Rouen ! mourrai-je donc ici ? »

Et ses sanglots redoublèrent.

Peu à peu Jeanne se calma. On la fit tenir debout sur l'estrade des criminels et on l'invita à écouter le sermon de maître Nicolas Midi.

— « Mes frères, dit le théologien, si un membre souffre, tous les membres souffrent, a dit saint Paul. »

Il développa longuement ce texte et conclut par ces mots :

« Pour préserver les autres membres, il faut retrancher le membre malade.

» Jeanne, l'Église, voulant éviter l'infection, te retranche de son corps.

» Elle ne peut plus te défendre. *Va en paix !* » — Ce qui voulait dire : « *Meurs !* »

Jeanne, joignant les mains, s'agenouilla et se mit à invoquer tout haut Dieu, la Vierge, les saintes et les saints.

— « Vous qui êtes ici, priez pour moi, disait-elle aux assistants.

» Prêtres, je vous en supplie, souvenez-vous de moi dans vos églises, et dites chacun une messe pour mon âme.

» Si j'ai offensé tel ou tel d'entre vous, pardonnez-le-moi. Je pardonne tout le mal qui m'est fait. »

Il y eut un moment d'universelle pitié. Winchester lui-même pleurait.

Mais la pitié fut courte parmi les juges.

S'étant raffermi, l'évêque Cauchon lut la sentence :

— « Jeanne, dit-il, comme le chien retourne à son vomissement, tu es retournée à tes erreurs et à tes crimes.

» Te voilà redevenue une pourriture qu'il faut rejeter de l'Église.

» Le nom de Dieu invoqué, nous te livrons à la puissance séculière. »

Conformément à l'usage, il ajouta :

« Prière est faite de modérer la peine en ce qui touche la mort ou la mutilation. »

Cette formule signifiait : « Arrière le glaive ! Le bûcher suffit. »

Jeanne, entendant la sentence fatale, adressa un suprême appel à ses voix.

Il y avait en elle tant de jeunesse, de vie et d'espérance ! Il lui semblait encore possible de ne pas mourir.

Ne surviendrait-il pas quelque trouble sauveur ? Ses chères saintes ne feraient-elles pas un miracle pour la ravir au supplice ? L'archange qui l'avait menée dans les batailles pouvait-il l'abandonner au bûcher ? On l'entendit crier plusieurs fois à voix très haute : « Saint Michel ! Saint Michel ! A mon secours ! Saint Michel ! Saint Michel ! »

Cris inutiles. C'en était fait. Les juges ecclésiastiques étaient descendus de leur estrade ; elle était abandonnée au bras séculier ; elle allait être livrée aux flammes.

Alors, par un énergique vouloir, Jeanne refoula toutes ses pensées de la terre.

— « Donnez-moi une croix ! » dit-elle.

Un Anglais en fit une avec un bâton.

Elle la prit, la baisa, et la mit dans son sein.

Mais il ne lui suffisait pas de sentir une croix sur sa chair. Elle voulait avoir une croix devant les yeux.

A sa demande, frère Isambard alla chercher celle de l'Église voisine.

Jeanne la couvrit de ses baisers et de ses larmes.

— « Bon frère, dit-elle, tenez-la élevée tout droit devant moi, jusques au pas de la mort. »

Tout cela semblait bien long aux Anglais.

— « Prêtre, dit un capitaine à Isambard, nous ferastu dîner ici? »

— « Donnez-la nous, criaient des soldats, et ce sera bientôt fini. »

— « Bourreau, à ton office! » répétaient plusieurs voix.

— « Emmenez-la! emmenez-la! » dit le bailli, sans s'assujettir à la formalité de la sentence.

Le bourreau saisit Jeanne.

Embrassant la croix, elle marcha vers le bûcher.

Des hommes d'armes la trouvaient trop lente et la poussaient.

Le bûcher, masse énorme, était formé de larges couches de bois sec superposées et enduites de poix.

Au-dessus du bûcher avait été dressé un grand échafaudage.

Jeanne monta sur cet échafaudage d'où elle était vue de tous, et le bourreau l'attacha au poteau des criminels avec une chaîne de fer.

Avant d'être liée, elle voulut encore embrasser la croix et rappela à Isambard de la tenir devant elle jusqu'à ce que son cœur cessât de battre.

— « Ma fille, ayez bon courage, lui répétait le dominicain, Dieu vous sera en aide.

Le bourreau approcha la torche.

Voyant le feu s'allumer, Jeanne poussa un grand cri : « Jésus ! Jésus ! »

Puis, comme frère Isambard était encore près d'elle, elle s'émut à son sujet et l'invita à descendre.

— « Tenez-vous en bas, lui dit-elle, et dites-moi de pieuses choses jusqu'à la fin. »

A cette heure suprême, l'évêque de Beauvais s'approcha, avec l'espoir d'arracher à la pauvre fille quelques paroles où elle s'accuserait.

— « Jeanne, dit-il, je viens vous adresser mes bénignes exhortations. »

— « Évêque, je meurs par vous », lui répondit Jeanne, avec un ton de doux reproche.

Cauchon essaya encore de parler et nomma le roi de France.

— « Que j'aie bien fait ou que j'aie mal fait, dit Jeanne vivement, mon roi n'y est pour rien. Ce n'est pas lui qui m'a conseillée. »

L'évêque s'éloigna.

A l'aspect de toute cette foule qui la laissait mourir, Jeanne se reprit à pleurer.

Elle pleurait sur elle-même, elle pleurait aussi sur ses bourreaux.

— « Je vous demande merci à tous. Je vous donne pardon à tous, s'écriait-elle. Ah ! Rouen, Rouen, j'ai bien peur que tu n'aies à souffrir de ma mort ! »

Cependant la flamme montait.

Le visage de Jeanne s'illumina d'une beauté sereine.

— « La mort va m'ouvrir le paradis, se dit-elle. C'est là la délivrance dont me parlaient mes voix. »

Et, fortifiée dans sa foi, elle s'écria : « Oui, mes voix étaient de Dieu ! Mes voix ne m'ont pas trompée ! »

Déjà la fumée l'enveloppait.

Elle allait être étouffée avant d'être brûlée.

Les deux moines qui l'assistaient virent sa tête se tourner radieuse vers le ciel, puis s'affaisser au milieu des tourbillons enflammés.

Jeanne expira en murmurant : « Jésus ! Jésus ! »

Jésus ! c'était le doux maître qui, sur la montagne de Galilée, avait dit aux pauvres gens amassés autour de lui : « Bienheureux ceux qui pleurent, parce qu'ils seront consolés. »

Jésus ! c'était le libérateur que les siens avaient méconnu. Autant abbés, moines et évêques s'étaient montrés ardents à faire mourir la Pucelle, autant les scribes, les prêtres, les pharisiens de son temps avaient eu à cœur de le faire mourir.

Jésus ! c'était la victime qui avait dit, parlant de ses bourreaux : « Pardonnez-leur parce qu'ils ne savent ce qu'ils font. »

Jeanne, la suppliciée de Rouen, évoquait justement le supplicié de Jérusalem ; et c'était sa force d'adorer dans ce supplicié son Dieu. (1)

Au spectacle de cette mort de Jeanne, si grande

(1) Entre Jésus et Jeanne, les analogies sont nombreuses. J'y ai consacré un chapitre dans le *Mois de Jeanne d'Arc* (1892).

et si lamentable, dix mille hommes pleuraient.

Seuls quelques soudards anglais s'efforcèrent de ricaner.

Un d'entre eux avait juré de porter un fagot au bûcher. Quand il approcha, le cœur lui faillit. Il raconta depuis qu'il avait cru voir l'âme de Jeanne s'envoler sous la forme d'une colombe.

Tels de ceux qui avaient été les plus féroces se mirent à courir sans savoir où, en s'écriant : « Nous sommes perdus. Nous avons fait mourir une sainte. »

Le bourreau alla se jeter aux genoux d'un prêtre. « J'ai l'âme à la torture, disait-il. Dieu ne me pardonnera jamais ce que j'ai fait aujourd'hui. »

Il ajouta, s'il faut en croire frère Isambard et l'huissier Massieu, que « le reste du corps étant brûlé et réduit en poussière, le cœur de Jeanne était demeuré intact et plein de sang (*intactum et sanguine plenum*. »

Touchante tradition d'après laquelle Jeanne, en rendant son âme à Dieu, aurait laissé son cœur, son impérissable cœur, à la France !

Maintenant, plusieurs d'entre ces assesseurs qui avaient été unanimes à condamner Jeanne, notamment frère Martin Ladvenu et frère Isambard de la Pierre, lui rendaient une tardive justice. Ils la proclamaient sainte, après l'avoir faite martyre.

Les femmes surtout s'attendrissaient.

Nobles ou roturières, Anglaises ou Françaises, elles pleurèrent toutes sur la victime de dix-neuf ans que le bûcher venait de consumer.

Ces larmes acquittaient une juste dette.

Les femmes sont le cœur même de l'humanité, et Jeanne d'Arc a été l'expression la plus pure de l'héroïsme dont l'amour de la patrie les rend capables.

Irrité de ces regrets et voulant prévenir les hommages de la postérité, le cardinal de Winchester ordonna que les cendres de Jeanne fussent jetées dans la Seine.

Mais qu'importe ce qu'il advint de ses cendres? Jeanne est entrée en possession de l'immortalité. Elle vit dans l'admiration des patriotes de tous les pays.

XXII. — LA MÉMOIRE DE JEANNE

Il a fallu des siècles et les progrès de la conscience publique pour établir le culte de la Pucelle.

Tant que dura le prestige de ces rois qu'elle aimait, Jeanne resta dans l'ombre; et c'est au lendemain de la révolution qu'éclata sa gloire.

C'est que le peuple se reconnut lui-même dans cette plébéienne sauvant la patrie compromise par les fautes de la noblesse et de la royauté.

Lorsque la France démocratique se leva en 1792 pour repousser les cohortes de l'Europe monarchique, elle brûlait du même feu sacré qui animait la Pucelle repoussant les Anglais.

Les Hoche, les Kléber, les Marceau ont fait comprendre au monde, par leur grandeur, la grandeur de cette vierge dont ils ont été comme les fils spirituels.

O Jeanne, il est venu le temps où tous parlent de toi comme en parlaient les pauvres gens.

Le roi t'oubliait; des nobles te raillaient; des prêtres t'accusaient et te jetaient au bûcher.

Les pauvres gens te plaignaient et t'admiraient.

Aujourd'hui l'humanité te plaint et t'admire.

Où sont-ils, les grands, les illustres de ce monde, qui ne seraient pas fiers de baiser à deux genoux les plis de cette grossière robe rouge de paysanne que tu portais, le jour où tu te présentas devant le sire de Baudricourt, folle et sublime de patriotisme?

Gloire à jamais à toi, ô la plus belle fleur de notre beau pays!

Comment as-tu pu, héroïne de dix-sept ans, opérer en quatre mois tant de merveilles?

Tu as pu, parce que tu as cru; et tu as cru, parce que tu as aimé.

Puisse ton souvenir nous enflammer, nous enfants de la France!

La France est éprise de toi; car ta vertu lui a fait toucher un sommet non atteint ni avant ni depuis, et elle peut dire fièrement aux autres peuples : « Où est votre Jeanne d'Arc? »

FIN

TABLE DES MATIÈRES

LIVRE II

LA GUERRIÈRE

LIVRE III

LA MARTYRE

Paul SCHMIDT, Grand-Montrouge (Seine)

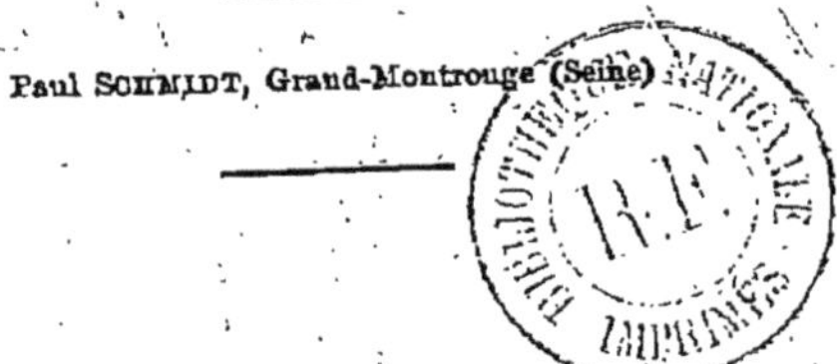

www.ingramcontent.com/pod-product-compliance
Ingram Content Group UK Ltd.
Pitfield, Milton Keynes, MK11 3LW, UK
UKHW021044220726
13924UKWH00005B/2005

9 782019 922702